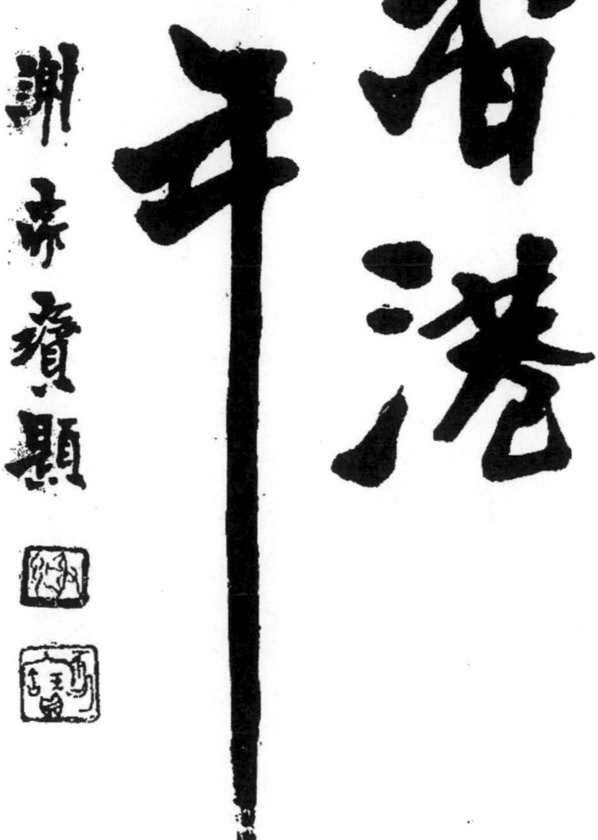
香港百年

勝斯酒店

增設酒菜茶點

禮堂華麗可容廿餘桌歡迎結婚讌會

價錢合理。招待貴族

烹調適口。陳設堂皇

營業時間

由十時起

茶點麵食

全日不停

每日由下午四時至八時增加精美晚飯全餐

一元一位

一元六毫二位

二元二毫三位

二元八毫四位

新的改進。必蒙贊美

請臨一試。倒屣歡迎

科學鍼灸醫學院招生

面授
函授

英國劍橋大學醫學博士，現任廣東衞生處處長黄雯曰『鍼灸療病，操術簡單，頗合經濟原則，尤其是處於今日民窮財盡之中國，更宜研究，俾資提倡……』

法國醫學博士宋國賓醫師曰『假使把中國的舊醫學從新整理一下，我以為鍼術是最值得研究的……』

鍼灸療病功效最大，而且快愈，經濟，安全，利便，為人人應該研究之醫術。經用鍼灸治愈沉痾痼疾百七十餘種之本院院長曾天治醫師用科學方法整理後，學習極易，成功者達二百名。茲為普及中國鍼術，拯救國內外之病夫起見，特續徵求面授函授男女生。凡欲以最低代價，最短時間，解決生活疾病職業三問題者，盍興乎來！印備章程說明書贈閱。函索請附郵票一角。

在研究鍼灸期中收手術費多過學費的李元偉醫師

李元偉醫師

廣東新會中醫李元偉先生，以在鄉見一霍亂患者為無知之婦人灸治愈，甚覺詫異。嗣見本院學生張鏡湖君根治十餘年之哮喘病者，乃下決心來港加入本院面授班[illegible]四四號二樓後。在研究期中，友人之請診脈者，以該病藥石不易為力，乃為之鍼灸，而立即見效。施術若干次後病竟霍然，輾轉相傳，求診者日多，乃酌收手術費。現計每天竟可收手術費七八元[illegible]元不[illegible]，在研究期中竟收回學費有餘。[illegible]掛牌鍼灸，一定應接不暇也。

香港皇后大道中一四四號二樓

科學鍼灸醫學院啓

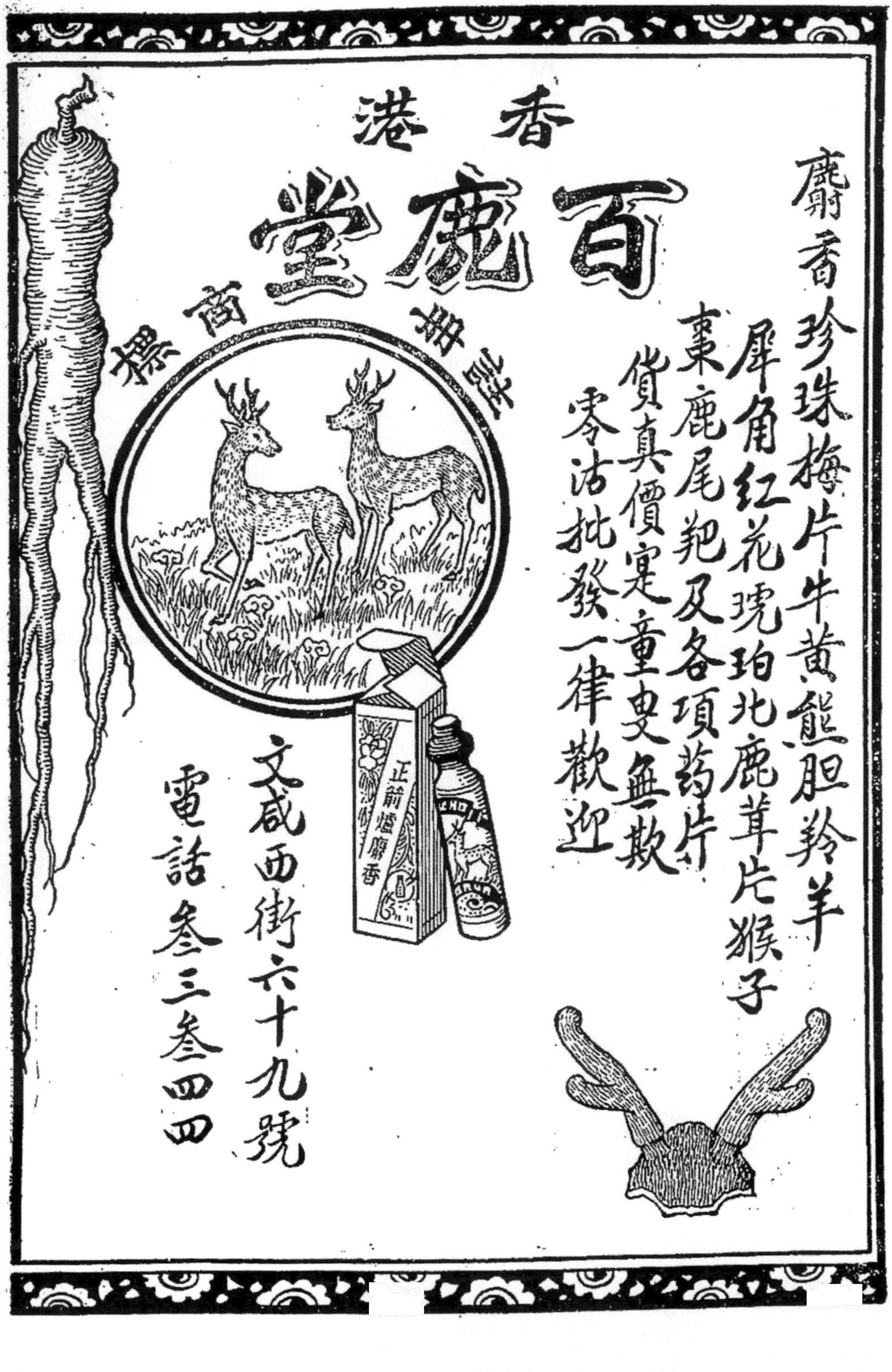
香港
百鹿堂
註冊商標
麝香珍珠梅片牛黃熊胆羚羊
犀角红花琥珀北鹿茸片猴子
棗鹿尾羓及各項药片
貨真價寔童叟無欺
零沽批發一律歡迎
文咸西街六十九號
電話叁三叁四四

在香港開埠百年當中；

以本堂之國藥地位爲最久遠！一八八五年。

國藥部：專辦上品地道飲片，貨眞價實。

丸散部：依照古官方製煉，應驗如神。

海外部：廣求海外代理，合作推銷國葯製成品，不拘中英日法語言，均所歡迎。

郵寄部：海外僑胞採買小數丸散國葯，郵寄快捷，依限弗悞。

煎葯部：代客煎葯送葯，不拘時間早晚，免費服務。

醫葯顧問部：代客解答國葯疑問，及免費介紹省港滬各大名醫。

人事服務部：電話二一八五三二號

大道中 誠濟堂國藥行謹啓

乘搭 中華巴士

經濟 快捷 安適

車輛行走普遍香港

序

編者

時屆香港開埠百週年之期，溯念開埠之初，洪荒世界，人獸雜處，猶是原始生活，乃得一蹴而就，世界文明都市，環宇重要海港，先人開闢功勞，偉蓋浴世，念茲念茲，百年之辰安得不慶。

值時不幸，世界大戰，猝倒而發，以是普天同慶，雖有典存，不重儀式。惟我出版界文化同人，責在報導社會，紀錄文明，世界進退，必褒必貶，百業盛衰，必抑必揚，所謂列既者之前車，召來者之可鑑，不能失所厥職，港府之慶典雖云不行，吾人之責乃未能旁貸，爰有是書之輯。

夫人為萬物之靈，與自然鬥爭，例無不勝，開天闢地，而有今日之香港，其中劇烈之鬥爭，曷可少數。鬥爭而勝，而後有今日。所謂勝者，不懼敗也、惟失敗能成功之母，是以今日之成功，是積敗而為勝也。古之人：不以勝為先念，不以敗為中怯，長日繼夜，經之營之，不畏顛仆，其堅苦卓絕之精神，煉石斷金。本書所紀即以褒之也。

蓋香港商工各業，最近年來，飽受戰事間接影响，摧殘至多，百年以來努力，所得繁榮，幾盡毀一旦，是今年以後香港前途艱巨，與百年前開埠工作之苦辛無分上下，今人之努力，不容稍懈，昔人堅卓之精神，更應重見于今日，再接再厲，則香港可日趨繁榮，此本書出版意義之一。

香港華僑人口最多，佔十之九，故香港盛衰繫于一手，百年來我華僑之辛苦努力，對于香港繁榮，建功殊偉。今後尤當注意，(一)團結方面及(二)教育方面，以促進未來繁榮，增進僑胞福利，本書對于華僑事業，不厭求詳，蓋此意義。

香港雖為已歸英屬。然因與我國地最接近，關係最為密切，祖國興榮，本港即百業安泰蓬勃發展；祖國不振，本港亦即受所影响，如中日戰事發生以後，本港各行工商業慘遭打擊，即為明証；抑吾人既身居僑地，寄人籬下，祖國強盛，則為僑民之人格也高，祖國衰弱，則僑民之地位也低。祖國之一強一盛，其影响于吾僑之關係若此，凡我僑胞，皆莫漠視祖國之進步，祖國之事業，宜時以祖國為懷。出財出力，助其長盛，愛國心之培育，人皆有責，是則本書之編，最所厚望也。是為序。

馮百昌
著名六大良葯
精神大力丸
治夜多小便 氣血兩虧 陽痿失眠
腰痛脚軟 腎冷精寒 眼花耳鳴
治諸虛百損等症
壯口健腎珠
功能助弱爲強 九醜同腎聖葯
百戰不懷身軀 價銀每礴壹元
共十二粒服後有意想不到之功
婦科添丁丸
化痰止咳丸
熊胆止痛散
外科皮膚精
香港旺角上海街三九四號 中和堂

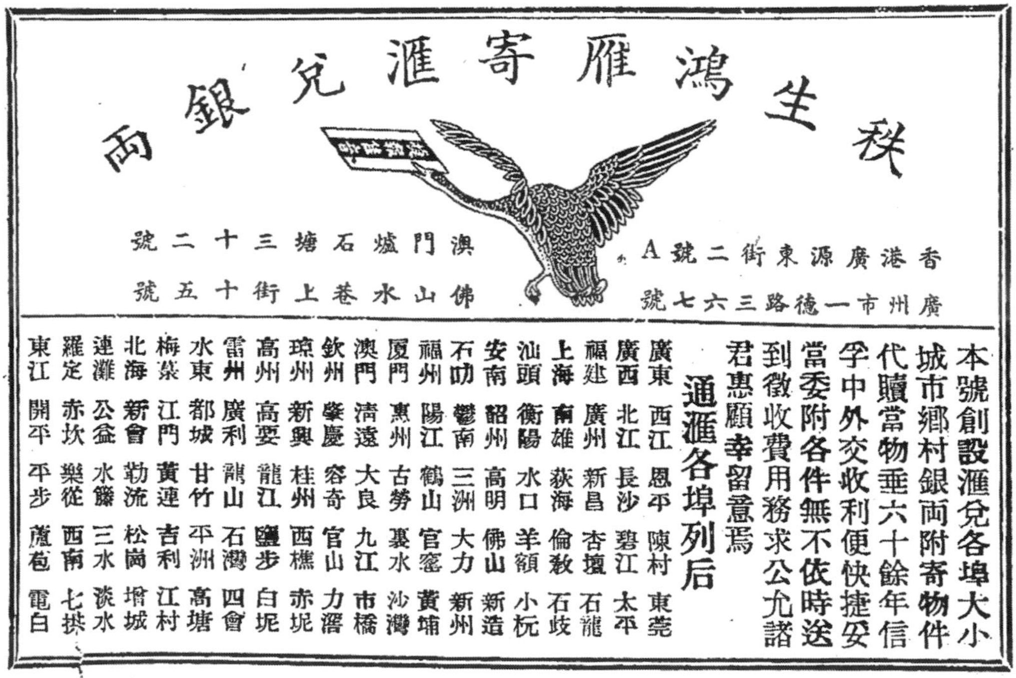
秩生
鴻雁寄滙兌銀両
香港廣源東街二號A
廣州市一德路三六七號
澳門爐石塘三十二號
佛山水巷上街十五號
本號創設滙兌各埠大小城市鄉村銀両附寄物件代贖當物垂六十餘年信孚中外交收利便快捷妥當委附各件無不依時送到徵收費用務求公允諸君惠顧幸留意焉
通滙各埠列后
廣東 西江 恩平 陳村 東莞
廣西 北江 長沙 碧江 太平
福建 廣州 新昌 杏壇 石龍
上海 南雄 荻海 倫敎 石歧
汕頭 衡陽 水口 羊額 小欖
安南 韶州 高明 佛山 新造
石叻 鬱南 三洲 大力 新州
福州 陽江 鶴山 官窰 黃埔
厦門 惠州 古勞 裏水 沙灣
澳門 清遠 大良 九江 市橋
欽州 肇慶 容奇 官山 力滘
瓊州 新興 桂州 西樵 赤坭
高州 高要 龍江 鹽步 白坭
雷州 廣利 龍山 石灣 四會
水東 都城 甘竹 平洲 高塘
梅菉 江門 黃連 吉利 江村
北海 新會 勒流 松崗 增城
連灘 公益 水籐 三水 淡水
羅定 赤坎 樂從 西南 七拱
東江 開平 平步 蘆苞 電白

洪荒世界

距今百年前，此遠東第一大都市(香港)猶是荒島一座，島上野獸蹤躅，不見人跡，禽鳥嚶鳴，不聞人聲，闊水大澤只藏海盜之穴，崇山峻嶺，盡是捕逃之藪，山林瘴氣，惡物滋生，直恐怖之地獄也。不謂百年之距，而昔日之地獄乃爲今日之天堂。

今日之康莊大道，高車往來，以前猶是破山碎石蛇鼠爲窠，今日之高樓大廈，聳插雲端，以前，猶是牛山濯濯，不毛之地，以昔之岩穴巢洞，居狐與猴，即今日櫛戶鱗比，百萬生靈，厮守之處，以昔之海波鷗泛，浮宅與雲，即今日桿連桅並，無數艨艟，吞吐之所也，有是哉，此也，孰能預知百年之前，孰能漠然百年之後！

百年之變遷，天地爲之改容，人事不知幾番變新矣，洪荒而繁華，野蠻而文明，在山之巔，在水之濱，尚留不少足跡，以資後人景仰，山靈海神，激而爲颶風怒濤，則依希猶當年景象耳，不然，吾謂百年前之香港，今已無存！

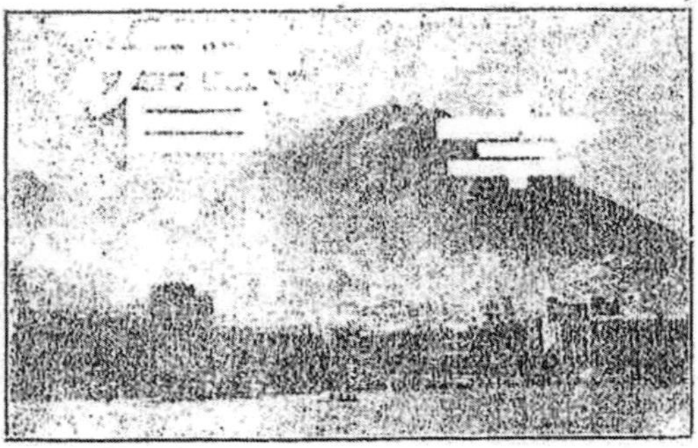

今日之香港全景（國英攝）

今日之山頂纜車車站（國英攝）

今日之跑馬地全景（國英攝）

今日之中環街市（國英攝）

今日之双層電車（國英攝）

今日之大鐘樓全景（國英攝）

→今日之天星小輪碼頭（國英攝）

昔日之山頂纜車車站

昔日之香港全景（美璋藏）

昔日之跑馬地全景（美璋藏）

昔日之中環街市（美璋藏）

昔日之單層電車與帆布頂之二層電車

→ 昔日之天星小輪碼頭

昔日之大鐘樓全景（美璋藏）

史迹

九龍城城門

九龍城位於九龍東北部，九龍租借英時，城內尙屬中國管轄，清時有協台駐守，民國後始撤消，下圖爲九龍城之城門，今已遺跡無存，城門前之大路可通出海爲前中國官員登岸之路，今亦拆卸改建民房，□□□□□□□□□□□□□○

↑一八九八年清學督岑春萱上任時過港與港督卜力制軍合影

遺跡無存之前普慶坊。有×者爲前同慶戲院。（美璋藏）

未填海前之皇后大道（美璋藏）

□□□□

□□□□□，□□□□□□□□□□□□□□□□□，□□□□□□□□□□□□□□□□□□□□，□□□□，□□□□□□□□□，□□□□□□□□□□□□□□□□□□□□□□□□□

（美璋藏）

馬塲火警

一九一一年，香港春季大賽馬之次日，會塲所蓋搭之竹棚，忽然倒塌，繼而發生大火當時消防之設備簡陋，拯救困難結果全塲化爲灰燼，死傷男女逾千人右圖爲當時火警時之情形

（美璋藏）

一九三五年英皇銀禧加冕大典港中人士隆重慶祝，由各地來港觀會者凡二十餘萬人，為空前之盛會，下圖為大典中九龍車站夜景（凌雲攝）

一九零七年清海軍大臣洵貝勒，粵督袁樹芬，粵將軍孚琪過港，與港督盧制軍合影（美璋藏）

五十三年前之金禧大典之上環街市彩樓（美璋藏）

一九三五年銀禧大典中之舞金龍偉觀（凌雲攝）

銀禧大典中之電車燈色（凌雲攝）

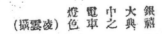

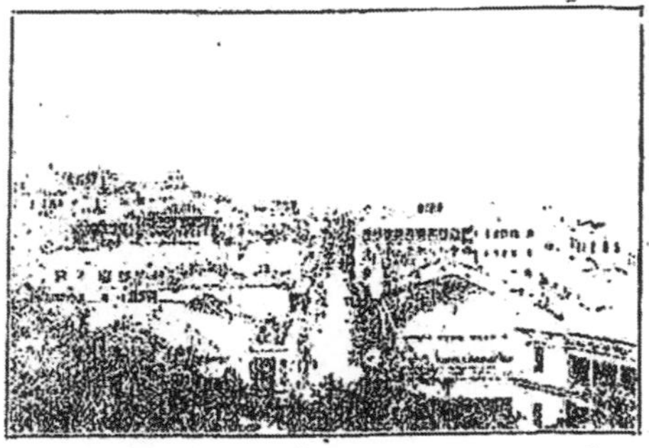

三十年前之皇后大道遠望爲大鐘樓（美璋藏）

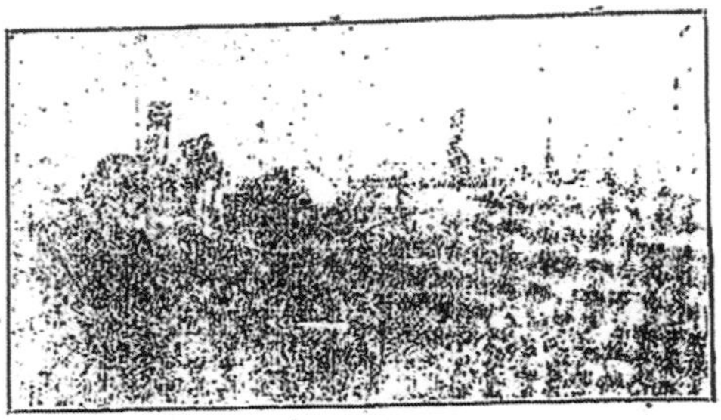

漢口輪船失火

一九零六年秋，本港又遇風災，商船漢口號失火焚燒沉沒，圖爲漢口船沉沒後所攝

北大参茸行
港行南北行街六十九號二樓電話弍七八零六
專賣正地道人參
無論大小
枝苗嚴選
正貨功效
偉大價格
定到最平
各界惠顧
認明北大
老牌堅持
道德包退
包換

建築美
孖喇書院
半島酒店
九廣車站
麗都舞廳

友聯出版社

香港友聯出版社

The Yeu Lean Publishing Bureau

設計

廣告漫畫　商標嘜頭
新型圖案　五彩分色

精印

書籍雜誌　美術牋封　告白仿單
中西文件　名貴卡片　五彩商標

承製

銅版鋅版　樹膠圖章
中西簿據　文房用品

諸君光顧無論屈駕親臨或專函邀約均能如命辦理貨式精美價格相宜

社址：香港柯布連道七號二樓

香江十景

香港燈火

1 香港燈火　香港入夜以後，自九龍或港中遠望山麓，燈火萬家，燦爛奪目，堪稱奇景。

2 小港夜月　香港仔月夜不減珠江，放棹中流，領畧漁家風味，一樂也。

3 海國浮沉　淺水灣有海國游泳場蜿蜒沙灘之外，東望南海，水天一碧，波濤浩渺，風景極佳，游泳者大衆。

4 筲箕夜泊　筲箕灣有游艇，每當夏曆月半，貧民風俗，青年男女喜以情歌互答，泛舟中流，賞月聽歌，游者不啻置身世外桃源矣。

小港夜月（冠天攝）

海國浮沉（磊夫攝）

筲箕夜泊（冠天攝）

宋台憑吊（孫夫攝）

西高夏闊（鍾秀攝）

（鍾秀攝）

5 升旗落日　登升旗山觀落日，霞光雲影，變幻莫測，與泰山實無多讓。

6 西高夏蘭　西高嶺夏蘭子，夏日盛開，滿嶺如堆錦繡，是亦一景。

7 宋台憑吊　宋王台爲宋帝昺南渡駐蹕之所，台草萋萋，足資後人憑吊。

8 破堞斜陽　九龍城尚餘殘堞，蜿蜒山畔，當夕陽西下時，郊外風光，以此爲最。

9 古刹鐘聲　青山禪院在青山之麓，爲香港惟一古刹。

10 松壑猴羣　大埔水塘下松林中多猴，携果餌之，諸猴俱集，怪態百出，別饒趣味。

破堞斜陽（國英攝）

古刹鐘聲（凌雲攝）

松壑猴羣（國英攝）

升旗落日（凌雲攝）

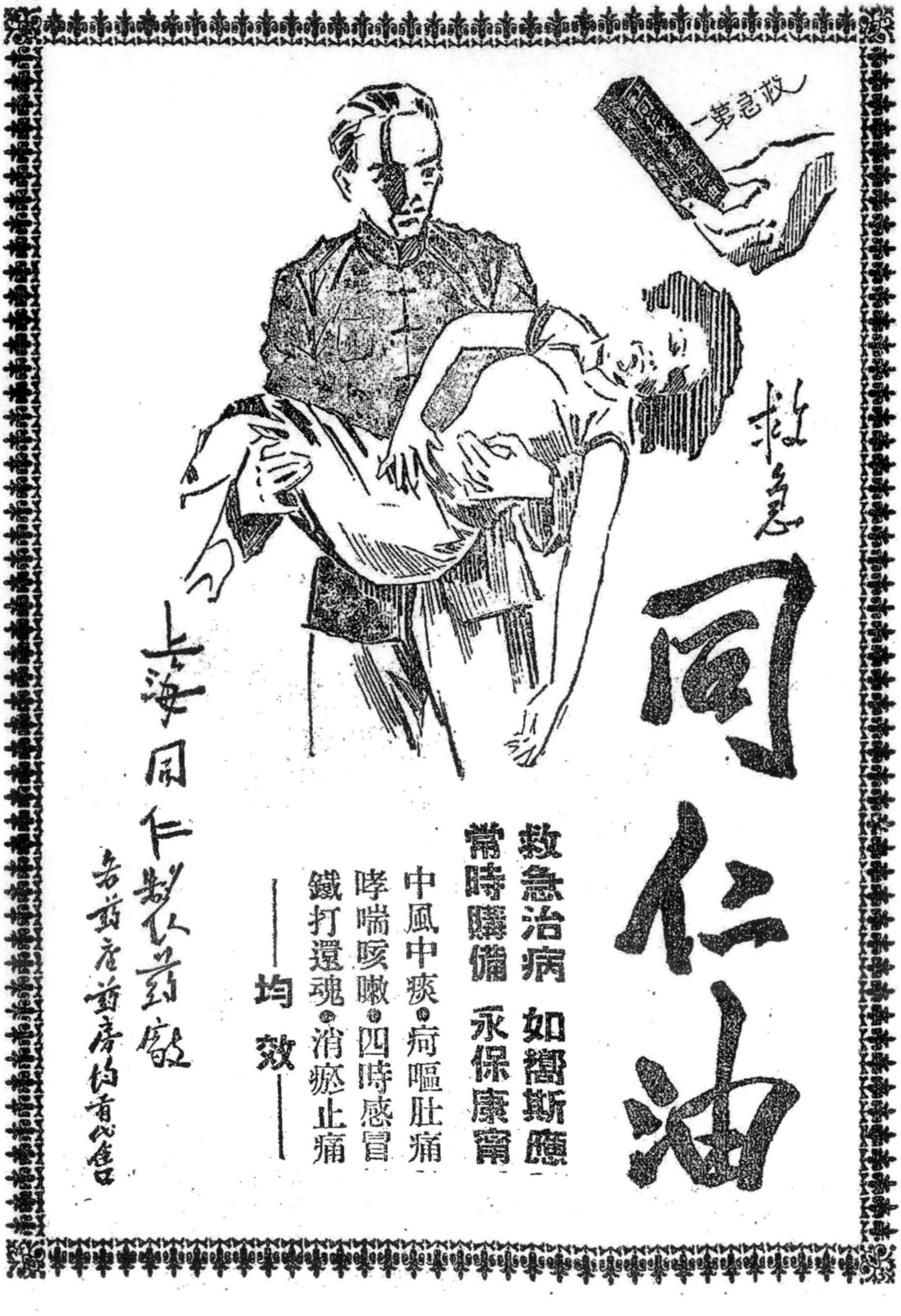
救急第一
救急
同仁油
救急治病 如響斯應
常時購備 永保康甯
中風中痰・疴嘔肚痛
哮喘咳嗽・四時感冒
鐵打還魂・消瘀止痛
—均效—
上海同仁製藥廠
各藥店藥房均有代售

香港誌

香港爲一小島，原屬廣東省東南島嶼之一，爲新安縣治（即今寶安縣），距離廣州府九十英里，離澳門四十英里。與大陸之九龍半島相隔，最接近處爲鯉魚門海峽，濶僅三份之一英里，其山脈來龍與九龍實爲連接，相接處較底爲海水所淹沒，而形成一島嶼耳。東西長約十一英里，南北廣濶由二英里至五六英里不等。面積總計約廿七英方里：位于北緯線二十二度九分與二十二度七分之間，及東經線一百四十八度與一百一十四度之間。島中群山相連，高入雲霄，其最高者爲扯旗山，高達一千八百零五英尺，次爲百加山，高達一千七百三十三英尺，崎嶇山高達一千六百七十二英尺，砵甸乍山高達一千零二十三英尺，其他如一千英尺以上者尚多。全港沿海灣峽極多，迴環曲折，計由東起有柴灣，大浪灣，石澳；近南則有大潭灣，赤柱灣，淺水灣，深水灣，鴨巴甸灣；西則有垃圾灣，銅線灣，沙灣；近北則有域多利亞灣，銅鑼灣，鰂魚涌灣，筲箕灣。而海峽則有汲水門峽，琉璜峽，鯉魚門峽。港島四週均有大小島嶼環繞。如東便的路洲，蒲台洲；南面的鴨脷洲，獨樹洲，而西便的爛頭島，（即大嶼山）爲全港最大之島嶼，面積六十餘英方里，約二倍於香港；其他有平洲，長洲，及北便之昂船洲等。

歸英經過

公元一八三三年，英國東方印度公司欲發展其商業至遠東及南洋一帶，擬設分公司于澳門，但爲澳人士反對，認爲足以影响其商務，卒難成立。惟英人以無地立足，商業無法進展，故不得已而思其次，是以改來此地。然當時交易，對於貨物來往，因兩國之情況不同與消息隔絕，以此誤會時生糾紛。一八四一年四中英以貨物禁例抵觸而致發生戰事。及後清廷爲利便中英兩國通商起見，乃於一千八百四十二年八月二十九日，在南京訂立條約，將香港歸英。

地名傳說

自香港歸英後，英人遂譯其名爲香港，但又名香江，香島，香海等名。聞故老傳言謂香港前有女盜其名爲阿香者，每多俠艷事件，最得島民所敬畏，故島民咸呼爲香島。惟又名紅爐峰，或香爐峰，因前有一漁翁在海邊放網取魚，而獲一紫紅色之古銅香爐，爲極有價值之漢代遺物，以此故名之云。致名群帶路洲者，據相傳云，本港以前英兵登陸，因地形不熟，得一蛋民名阿群者帶路，故名之。惟作者所知，此事實非，查本港原名裙帶路洲，因沿海海灣曲折，遠望如裙帶形狀，實古人象形取名也。至今仍有呼海旁一帶曰裙帶路者。查香港二字乃實爲香爐峰港之縮稱，英文原名作康港 Hong Kong 今香港稱者，實當時土人之稱呼而已。

開天闢地

香港割讓之初，其地山石巖巉，崎嶇斜曲，開闢甚爲困難。地多潮濕，蚊虫爲害，致生瘧疾，且天氣不良，時生瘴癘，因感受而死者甚衆。英人以初居本地，習慣不同，飲食各異，而飲者多爲琉璜燥熱之水，當時疾病叢生，死亡枕藉，極爲狼狽；而每年均受颶風侵襲，非有精密之建設，殊難保障安全，更兼當時商務上與本國直轄機關之意見不同，及與中國兩廣總督交涉之困難，種種足以阻礙本港之發展，故在一千八百四十四年間，香港政府會計官馬田氏，乃上書條陳，放棄香港。惟時總督大偉氏則適與相反，以為倘經長時間之努力必可征服天然上與地理上一切困難，後卒以英人之勇敢與毅力，幷得土人通力合作，竟能以人力戰勝天然，努力幹去，而成今日之世界名都焉。

政治雛型

英人自統治本港，初任威廉堅為治吏，多參照中國法例施行，一切治安及風土人情，均依原有改善。其第一任總督為砵甸乍爵士，努力建設，以開發本港，隨即頒佈施行政治，幷肅清沿海盜賊以保護人民，生命財產，附近及廣東內地居民，相繼來港，幷宣佈香港為無稅口岸。及至公元一千八百四十三年四月五日，英國更正式宣佈香港為英國分立殖民地，直轄英京，不受印度總督管轄，全權由首任港督處理，是以本港之進展更形利便。

移山填海

初時本港以香港仔一帶最為旺盛，多屬漁民所聚居，而英人則另劃地以居山上，而兇中西雜處，查本港最初開闢之馬路則為皇后大道，長凡三四里。五十餘年前，今日繁盛之德付道，干諾道，猶屬水深七八尺之海灘也；後始移山塡海而成德付道，干諾道焉。此後由山脚築上，漸次成為荷里活道，堅道，般含道，羅便臣道等。自此更進一步再向各環頭建設，幷任命官吏分區辦事，及後設華民司以處理一切華民事務。

原始

在香港歸英二十年間，幷無大建築物建設。屋宇皆集中于維多利亞區，為西營盤及中環一帶，灣仔尚未開發，山頂住宅，亦疏落不多。今初抵香港之人，只見建築物

建築

層樓高聳，構設全為現代化，而不知其重建之前身，已幾經滄海，由簡陋而湊完善，現香港有名之建築物當以聖約翰禮拜堂，建築為最早，該堂建于一八四二年即香港歸英之年也。一八四七年三月，督憲府開始興築，至今仍大部份保留本來面目，已歷五十七任總督矣。居留香港有三四十年者，莫不知有大鐘樓，此樓建于一八六二年，位于必打街與大道中之間，將必打街分而為二。此樓全為居民捐資興築，樓上之大鐘，乃德忌利士洋行所送出，為全港居民標準時計。後拆卸改建，在大鐘樓故址附近，告羅士打行重築鐘樓，然此鐘則非彼鐘矣。

九龍半島

香港本為一小小島嶼，所謂彈丸之地，自經努力建設，已規模漸備，及後又向我國割讓九龍及租借新界，（包括九龍附近數十島），總面積三百九十方英里，比之原有香港，增加十倍有奇。其初九龍半島之範圍，乃指域多利亞海沿岸以北，九龍山以南，包括尖沙咀，油麻地，旺角，深水埔，紅磡，九龍城，荔枝角各區段，按九龍本屬中國新安縣，九龍司，據聞其得名之由來，則該地有九山山脈，由港口之北部蜿蜒入于廣州境內，成一天塹，九山駢列，視之如九龍起伏，故名。于一八六零年十月二十日，天津和約簽定後，始正式為英國之永遠租借地。其初本由稅務司柏克承粵督命將九龍海復批與英人，迨天津條約既成，此批約遂取消。而特闢界限街為界，當時九龍城尤屬中國之領土也，自新界再租與英後，已無嚴格之界址矣。

人口

至于香港之人口，歸英之時，實未超過二千人，至一八四一年五月本港憲報即有關於本港居民數目之記載，實為本港發表居民人數多寡之嚆矢。惟當時所載幷無登記本

調查

港外人之數若干，祇謂華人之數目爲五千六百五十人，其中二千五百五十人爲村居及採魚者，各街市之華人爲八百人，各種手工業人爲二千人，由九龍半島來本港工作者爲三百人，但九龍半島之居民，則不祇此數。至一八四二年之間，居民陡增，數在一萬五千人左右，其時港地商業雖未繁盛，然居民只有加無已，一八四七年統計全港人口約二萬三千八百人。觀此數年間，本港之人口，由二千人而增至二萬人，人口之增加，不謂不速矣。迨太平天國軍興，本港毘連內地之故，居民盡逃難於此，雖間有遷往澳門或他處，但究以本港爲多，是故當時稍有資財華人多紛紛來港營商，或購置物業，故一八四八年至一八五八年，十年間，人口突增數萬之衆，居民總數約八萬人。一八六零年更添至十萬人，至一八六一年九龍半島租英後，居民已達十一萬九千五百餘人矣。自此年後，本港人口增加漸緩，一八七一年祇得十二萬四千一百餘人矣，但亦稍有增加。

觀上述，本港歸英三十年來，人口之增加已達十餘萬。然當時之調查尚未能得臻完善之處，緣當時所報告之數目，極爲含糊，且舉行日期亦無明定之故。及後每隔十年舉行一次，詳細數目，始有備載，茲將數十年來調查人口數目列表於後：

一八八一年	一十八萬六千六百十一人
一八九一年	二十六萬四千一百廿四人
一九零一年	三十一萬八千九百卅六人
一九一一年	四十五萬六千七百卅五人
一九二一年	六十二萬五千一百六十六人
一九三一年	八十五萬二千九百三十三人

由上表觀之，本港人口之增加，一九三一年止，已達八十餘

萬人，就其一九二一年至一九三一年，十年間人口增加達二十餘萬矣。

一九三七年遠東戰事未爆發之前，本港人口之調查爲九十六萬一千三百六十人。及後遠東戰事發生，避難者，皆視香港爲安樂窩，各處人民，相繼而至，香港之人口突由九十餘萬增加一倍有奇，而至一百八十餘萬之紀錄矣。計九龍半島佔八十六萬人，香港佔九十六萬人。

香港之人口華人佔全港百分之九十五以上，而華人中尤以粵人爲多，計佔全華人百份之九十以上，茲將一九四零年之僑居本港人口國籍列表如下，以資比較：

中國人	一·五七九·四八三人
英國人(連駐兵)	一八·五九六人
印度兵	四·七四五人
葡萄牙人	三·二九七人
日本人	二·三二九人
美國人	四九九人
法國人	三七零人
俄國人	一二七人
混血種人	一·四九三人
其他各國	三·八六八人

交通

本港既爲一商港，則交通事業之發達，關繫於商務之繁榮者至重且大，茲篇所記，實爲百年來本港之交通事業，如海運，陸運，空運，郵政，無線電，及電話諸事業發展之一縮影而已。

輪船世界

先言海運，香港爲華南與歐洲各國來往首一要衝，有天然之深港，萬商雲集，往來船舶，遠自重洋，近自沿海，小輪航渡兼通內地，四方輻輳，星羅棋佈，誠一最繁盛之大港也。

百年前，本港海運尚未臻發達之境，十餘年後，帆檣滿目，海運事業始日漸進步，時至今日遂爲世界船舶出入口最多之第二港灣矣。

一八四七年本港洋船出入口者，總計不過六百九十四艘，至一八六一年則出口者已達一千二百五十九艘，入口者亦有一千二百八十六艘，以其數量較之，則是年不論出口與入口，已倍於一八四七年出入口總數矣。

後此數十年來，輪船出入口之數量銳增，尤以一九一三年至一九一七年中，最爲發達。平均每日入口船隻約二百一十艘。茲將一八七一年至現在止，香港航運之進展，列表如下：

年份	出入口船隻數
一八七一	六三一八五
一八八一	五四六一零
一八九一	五四二一零
一九零一	八六四四三
一九一一	二五六三五三
一九二一	三零六七五一
一九三一	九九八八九零
一九四零	三式一五九零

觀上表，本港航務之進展，前每年出入口不過六百餘，今則

數日已足其數矣。航務之發展，不謂不速矣。

至於本港航行之輪船，可通世界各埠，而其航行路線，開行日期，在此非常時期，至難一定，故不詳述。

渡海小輪

本港與九龍半島之交通，數十年前，綠水盈盈，多賴扁舟爲渡。近四十年間，人口日增，貿易愈盛，於是渡海小輪，乃應運而生。現在渡海小輪，計有尖沙咀，油蔴地，旺角，深水埗，紅磡，九龍城等六處。此外另有由本港開往附近各島，如長洲，荃灣，大澳，青山，坪洲，等地之小輪十餘艘。并有皇后公司等之小汽船，來往各處，惟上述各渡海小輪中，其整潔宏麗，當以尖沙咀天星小輪公司爲最，且爲本港渡海小輪歷史最久者。繼天星公司而興起者爲油蔴地小輪公司，而初祗得油蔴地一線。碼頭在四方街前、後始遷回佐頓道，并行駛載運汽車之巨舟，聞每艘建費達四十五萬元之巨，後本港日漸繁榮，該公司遂加旺角等十餘線矣，尖沙咀以毗連九廣車站之故，且其地交通甚便，滙於全島之長途車總站滙合於此，因是尖沙咀渡海小輪，每年來往乘客綜計一千五百萬之衆，與九龍半島之繁榮，關係尤巨，惟近年來，中日戰事影响，九廣車停開，影响該輪不少，茲將尖沙咀小輪公司歷史，畧爲一談。

一八九八年前，尖沙咀渡海小輪，已有三艘載客來往本港與半島之間，即晨星，導星，暮星三艘，一八九八年四月十三日，天星小輪公司成立，將此三艘買受，至一九零零年，該公司將此三艘改換兩頭車(即頭尾兩端均可駛舵者)，并添置小輪三艘以資來往。又六年更改時間，由上午五時半起至下午八時止，每十分鐘開往一次，續由下午八時至十二時二十分止，每二十分鐘開行一次。、票價爲頭等角半，二等一角三仙。至一九二四年又增購小輪午星，金星二艘，較前者更大、越二年又建晚星，日星二艘一九二八年又置新輪名北星，交通更形便利，其開行時間亦較前畧爲更改，計由港往尖沙咀者，由上五時三十五分起，至下午五時零五分止，每十分鐘啓行一次，續由下午九時十五分起至十二時三十分止，每十五分鐘開行一次，再由夜間一時正多開一次；其由尖沙咀往港者，則由下午五時二十分起，至下午九時止，每十分鐘開行一次，續由下午九時十五分起至十二時十五分止每十五分鐘開行一次，再於十二時零五分多行一次。又當上午，正午，下午渡海人數衆之際，即五分鐘啓行一次。

現該公司用以來往香港尖沙咀間之小輪，計有六艘，除暮星等三艘爲舊有外，餘均爲新購者。此新小輪，其容量，每次可載五百三十八。船身長一百一十尺，船身中部濶二十八尺，每三月即入塢修理一次，故從來未有意外事之發生。

溯自天星輪船公司，於一八九八年接辦之初，港方碼頭，在今日雪廠街口，至尖沙咀碼頭，則適於九龍倉對面，與現在碼頭相距約三百碼，其初六月，每月乘客，不過二萬五千人，每次海程約十五分鐘，現在則分鐘可達，而人數一日亦有二萬五千人矣

陸上動脈

至言陸運，則本港與國內間之交通，有九廣鐵路及省港公路，爲之聯繫。按九廣鐵路，即九龍與廣州間之連絡路線，長凡一百一十一哩，於一九零七年，由英國上海滙豐銀行，借款一百五十萬磅與中國政府與築，定一九三七年償還。港段工程長二十二哩，華段長八十九哩，預定敷設費爲五百萬元，但因開築隧道之困難，始增額一千萬元，又因工程繁重，再增二百萬元，總共耗去建設費一千二百萬元，於一九一一年工竣。此項困難之工程，胥由英方担任，計其隧

道五處，停車場七所，就中耗費隧道之工程者，需時二十八月，經費估三份之一。翌年華段工程告竣，雙方接駁。後經近日中英段路局之不斷改良，數年前將舊有機車，及客車，全部更換，并有新式之冷氣車行駛。來往路程，平均約三小時可達，且粵漢路經已通車，則英國勢力，可伸至長江一帶，惜中日戰事爆發，廣州淪陷，該鐵路現已不能直達矣。至乎省港公路，其建築工程之浩大，不次于九廣鐵路，長凡一百五十里，沿東江各縣山谷而築，歷時三年始成，完成之初，并未行駛客車，祇行駛運輸汽車，計由九龍至廣州須歷時十二小時始達，今亦隨九廣鐵路而不通矣。

本港陸上交通，進步甚速，近百年來，即窮山辟壤中，亦有車可達。維多利亞城內，道路交織，交通尤稱便利。回憶一九二一年時，全港汽車僅五百，十餘年後，增至三千，今則數倍於其數矣。人力車及肩輿，已日趨淘汰，及用人力推動之二輪貨車，今已不復見於香港矣。

九龍方面，則近十餘年來，連絡半島各線之主要道路，相繼完成，此種新築路，潤約一百尺，并完成新界之公路，接駁省港公路，於新界農產及其他工業運輸，極有幫助，故近二十年來，祇九龍半島之公共汽車，增加達數倍，其交通之發達，由此可見矣。

查港九陸上之交通，有山頂車，電車，公共汽車，汽車，人力車，肩輿等，茲分述於後。

縱線

本港地面與山頂之交通，則有山頂纜車，緣一八八一年五月二十日，有英人士蔑夫者，上書本港當局，提議建設此山頂車，當局許之，遂于一八八五年三月二十六日與工，至一八八八年完成，是年五月二十八日正式通車，一九零五年，山頂電車公司成立，其前身爲香港高地電車公司，後因營業不利，實行改組，始改今名，資本額七十五

列車

萬元。其初每次來往，需時九分，不停站，現則雖同路線，且沿途停花園道，堅尼地道，寶云道，梅道，柏架道，及山頂道各站。只須時七分半而已。又當該車啓用之初，車身爲木質，頗覺笨重，三十年前已改用鋼車，自一九二七年又換用特制最新車輛，每輛可容五十餘人，十六年前，該車尚用蒸汽，至一九二六年始改用電力，由本港電力公司供給。全車上落，用纜牽引，故名纜車。纜爲鋼製，共二條，長約五千尺，今除用汽壓停車外，尚有自動保險制，以備不虞，雖在最斜跛道行駛時，可能在八尺以內，完全停止，故啓用以來，從未失事。

爬行奇跡

使香港交通利便者，吾人當歸功於大動脈之電車，東西全長十一英里，如徒步，非四小時不可達，電車則以四十分鐘之行程，自東往西矣。今吾人所見沿軌而行之電車，其特式在乎兩層，爲遠東僅見。惟三十年前亦一層耳。後經多方改良，由一層而改上用帆布爲頂之二層車，最後才成今日之現象。現今該公司共有電車一百零七架，平均每日乘客二十五萬人，比較一九三六年以前增加數倍有奇矣

至言香港之公共汽車，其成立不過數十年矣。其初行車甚少，路線只有由皇家碼頭至大學堂，由香港大酒店至淺水灣，由銅鑼灣大坑至堅尼地城，由摩星嶺至皇家碼頭，由跑馬地至永樂碼頭，由香港仔至西營盤，由香港仔至赤柱等七線，今則港九公共車數倍於前矣。其路線共有由木古船澳至統一碼頭等數十線，且更換新式大型汽車，最近擬行雙層汽車，香港將更爲成一現代化

之交通繁市矣。查公共車每日乘客約三十萬人（港九合計）有車約三百餘輛。

港九交通，除電車，公共汽車，此外尚有出租汽車，及的士車。在卅年前，港九曾有所謂黃邊，金邊，紅邊，及其書有 Public Vehicle 字樣載客汽車，但旋起旋滅，不計其數，當時約有車數十輛，現在據調查關於港九出租汽車及的士車之公司約數十家，共有車約數百輛之多矣。

人力工具

人力車，為本港交通最先用之工具，廿餘年前尚為最盛時代，今則為機器車所淘汰矣。現在港九人力車公司五家，有車約數百輛，乘客多以外人為多，每日約有萬餘人，比前旺盛時代減小數倍矣。

至言香港平地與山頂之交通，除山頂車，汽車外，肩輿亦為重要工具之一，今仍甚盛，全港計有肩與百餘，均集中於中環各處，因取價頗廉，故乘客頗亦不少。

航空郵政

香港之航空交通，為最近十年來興起，當一九二七年，香港政府創設啓德飛機場，越二年香港航空協會成立，此後遂有帝國航空公司成立，飛至倫敦與澳洲之線，汎美航空公司成立，飛至檀香山及美國之新金山等線，歐亞航空公司成立可達中國成都，寧夏及河內之線，中國航空公司成立，可達桂林，成都，貴陽，昆明，重慶之線，法國航空公司。可達河內等線。

至言郵政，香港郵遞一項，初創時，郵局之設置，係由於英國政府之支配，一八八六年開始移其掌理權于本港政府，一八六二年十二月八日，開始發行郵票，一八七六年以年繳三千一百五十磅之條件，加入萬國郵政同盟，并於數年前增加空郵。自此後，由香港寄發遠自歐美洲之郵件，亦不過數天之時間，便可送達，比之以前郵寄，已快數倍之時間。矣

隱形傳訊

本港之傳訊，則有電報與電話，電報則有大北電報公司，大東電報公司，中國電報公司，及香港無線電報局等。查大北電報公司，港局成立於一八六九年六月一日，由北歐三大電報公司所組成，遠東方面。上海香港線，最先安裝，一八七一年四月十八日開始與上海段通電。港局為遠東方面之支行，總行設在上海，一八六九年八月末旬，上海，香港，威海衛正式通電，一八七二年正月一日，遠東及歐洲線開始啓用。溯一八七一年，港滬綫啓用第一日，來往電報僅七十封，至一九一零年時每日約有八百封，至現在，每日平均約四千封之譜。至大東電報公司創自一八七一年，完成新加拋，西貢，香港間之海底電線，由香港出發者，遍佈福州，西貢，馬尼剌，新加坡，澳門，海防，紅磡灣等線。中國電報局之港局，則設於一八八一年，與大東電報公司所經營之港東海底電線聯絡，可與廣東及其他之中國電報局相通。

一九一四年，歐洲大戰爆發，港政府有感於設置無線電報之需要，擬於本港東南兩部設無線電局。一九一五年七月十五日，決定與航行中之船舶通訊，一九二六年，無線電台築成，局址設於德付道，鐵行大廈，拍發一切公私無線電訊，已成為一公用之機關矣。

香港之電話，改用自動式者，比廣州為後。一九二七年時尚為呼口號式，蓋本港之電話事業，于十五年前，尚操于中國日本電話電氣公司之手，至一九二五年，香港電話有限公司成立，始向政府批准專利五十年。該公司初成立時，僅得用戶五千，今則

港九兩地合計，已四倍於此數矣，倘求過於供。查該公司資本共四百一十萬元，一九三零年五月安設自動電話，海底線橫跨港九間，為工程至大者，並設有兩分局，一在粉嶺，一在大埔。一九三一年正月十七日更安裝省港長途電話，電線沿九廣鐵路裝置，敷設費用，數十萬元，於八月十日工竣，啓用之日，由港督貝璐與廣東省政府主席林雲陔，首先通話，為省港交通史上創一新頁。一九三七年一月，與上海通長途電話，去年更與重慶通無線電話，最近之將來，該公司計劃，更擬與世界各國通無線電話，如成事實，則香港可與全世界通音矣。

教育

香港歸英後之三四十年來，文化極低，因當時來港華僑，大都出自鄉間，以客商故，不肯遣子弟入學。政府持化民成俗主義特設義學，凡學童上課，每人授以銅元數枚，以為午間買點心之用，然此為漢文義學為然耳。至於英文學校則無有應者，蓋鄉俗頑固，遇有識英文者，則斥為漢奸，將其革出族，故少年學子，不敢就學。後教會試辦英文義學，每月津貼數元，以廣招徠，但亦得學子百餘名矣。當時之文化，由此可見一斑，十餘年後，文化漸行教育漸興，僑民頭腦，受時代之轉變，多紛使子弟入學，香港之教育才現一曙光明。查一九零二年至一九一零年，此捌年間，為香港教育最盛時代，後至我國抗戰，大都市相繼淪陷，原有各都市之學校，多遷來港，學子觸目皆是，現今本港之教育，比之年前，真有霄壤之別矣。

本港教育行政機關，最高者為教育局，統理全港教育事務。

學校分公立，半公立，與私立三種。現全港共有大中小學校七百餘間，學生數十萬人。

香港大學

至於香港大學堂，爲香港最高之學府，僅有不足卅年之歷史，然深得英國各大學之承認，與一般公立大學相同，港大學生可以轉入牛津劍橋等大學。經費來源，除學費收入外，每年由政府輔助，及名流社團之捐助者甚多。溯港大於一九零九年開始籌備，一九一二年三月成立，其初預算，需欵一百廿五萬元，籌備之初，建築校舍費用，數約二十八萬元，皆由西人摩利氏一人捐出。至解剖房及醫舍，約費五萬元，則爲華人富商吳理卿一人負担，其後名流鄧竹溪逝世，遺囑以家產三分之一，爲該校醫舍基金存欵。其餘各費，均由港中西人士所募集，得百餘萬元。一九二二年四月，英國威爾斯皇子，赴日報聘過港，復捐該院以五十萬磅經費。於是醫科之建設大備，初時僅設工醫兩科，其後增設文科，嗣在金文泰總督任內，又增闢東方語言科，專爲純粹利便外人，研究東方語言文字而設，該科復於一九三一年撤銷，改爲港大中文學院矣。

中學教育

至于中等教育學校，其最著者，有皇仁書院。開創于一八八九年，教習華英文字，今學生有千餘人，大半屬于華人，所有經費，全爲政府供給，爲純粹之公立學校。此外有拔萃書院，乃英國禮拜堂所創，專授英文，間亦有中文，十餘年前遷於九龍新址，分男女校，男校在何文田地方，女校則設於佐頓道。又聖保羅書院，亦爲英文學校，除上述外，尚有英皇書院等。至於純粹之中文中學，除數年來由各都市遷來外，計有培英，嶺南等百餘校．但對於英文一科，亦甚注重。其教例悉依本國教育訂立執行。查香港學校級別，英文書院則分爲八班，每班又分爲三等：中文學校多依我國定制，分爲三年制，即初中三年，高中三年，小學分初小與高小，初小四年，高小二年，幼稚園則爲二年；而敎授之書籍，須由香港政府轄准之教科書，否則不能敎授。

至於圖書館，則有學海樓，在般含道石級上，內存線裝書及普通書籍爲多，每日開放時間由上午九時至下午五時止。

圖書館誌

馮平山圖書館，亦在般含道，爲香港大學附屬之圖書館，內藏中國書籍甚多，報紙、雜誌亦甚衆，開放時間，由上午九時至一時，下午由二時至五時。入館閱書者，須有本港正式團體介紹方可，但可取閱章程。

大會堂，在皇后大道東，爲公立英文圖書館。原爲博物院故址，所存皆英文書籍，每年添置新書若干，惟卷數不多，本埠英文報皆備，不論中西人士，皆可入堂閱讀。

華商總會圖書館，則屬華商會之一部份，中西書籍皆有，多普通書，中西報紙獨多。

商業

香港與中國貿易，輸出佔全港額十份之四以上，輸入總額，以全中國對香港而言，亦在十分之四以上。惟自中日戰事爆後，中國對香港之貿易銳減，蓋因交通之梗塞也。

至於與英屬海峽殖民地，及馬來聯邦之貿易，甚爲重要。十餘年前馬來聯邦及海峽殖民地商業不景氣中，影响本港甚大，及至現在，已恢復舊觀矣。惟美國自第一次歐戰以後，隱操全球經濟，遠東方面貿易則駕乎吾國之上，今者美國與香港之貿易，亦甚繁盛。而日本與華之貿易以年來，該國侵華之影响，已一落千丈矣，因之香港與日本之貿易亦比以前銳減，此外如澳洲，加拿大，婆羅洲，緬甸及其他英屬地與法屬地，印度，暹羅，非律濱，法國本土及其他各地，無不與本港發生貿易之關係，故外國在華商業之進展，幾可與香港貿易之增減以測之，其中主要之出入口貨物，計有：

衣食住行

米　爲本港出入口貨物之佔最大宗者，據一九四零年之調查，輸入爲一萬六千萬元，輸出爲一萬二千萬元，就中以西貢，暹羅米佔大宗。

糖　亦爲本港重要貿易之一，原料多取自爪哇各地之粗糖，經太古，怡和二廠之精製，旣成大部份向中國內地及印度，非律濱及英屬輸出。

煤炭　煤炭之輸入，每年均有百數萬噸之多，除對中國內地，及印度有多少之輸出外，大部份供給本港。其用途多供於工廠，如煤汽公司，九廣鐵路等。至于其輸入者，前以日本爲多，今則不如前矣。其如澳洲，撫順，開平等亦有輸入，至于本港軍用之煤，則由英國輸入。

織品　棉花棉紗及其絲織品，爲本港主要出入口之貨物。輸入者，在第一次大戰前幾爲英國佔有，日德製品僅佔小數，現在德貨已絕，日本之輸入有長足之進步，尤其是毛巾一類，幾佔全港市場。然大體言之，英國之出品，仍能保持現狀，近年來華商工廠林立，出品亦盛，輸出以英法殖民地爲多，南洋一帶亦不少。

五金　五金方面，如銅，鐵，錫，鉛等，均爲重要之貿易。每年輸出入口數約數萬噸，錫爲最多·佔全數四分之一，多屬中國內地產，由海防等地輸入，除對中國沿岸有輸出外，如日本及海峽殖民地·法屬各地，亦有相當之貿易·鐵之輸入，則較錫爲小，多供在本港各船塢之用，而英美有輸入，次爲日本，澳洲等。近年來日本因戰爭之影响，耗鐵甚巨，故在港大量搜購輸出亦不少矣。鉛大部份爲澳洲產，總輸入約六七千噸，多向中國內地，法屬等處輸出。銅亦爲出入口主要之一，多爲英國所出者。

士敏土　則爲本港至要出產，輸出總額，約數百萬担，惟近年來，日本出品則賤價傾銷，亦爲本港士敏土一大強敵，輸出多向英法屬地爲多。

其他如麵粉，機器，汽車，油料，麻袋，玻璃，洋紙，膠鞋等亦爲本港出入口重要之貨物。香港商業，以中國人經營者爲多，英美各國人皆有經營，其著者，如太古洋行等數家。

銀行公司

香港銀業經營，則可分銀行與銀號二種，銀行外商者亦不少，其最著者有：

上海銀行　資本金一五·〇〇〇·〇〇〇元，爲香港銀行巨擘，于一八六七年成立，經營貯蓄各業，幷有發行紙幣之權利，今英國在華之投資幾無一不與該行有關也。

渣打銀行　資本金三·〇〇〇·〇〇〇元，雖較上海銀行爲遜·然亦爲英商發展遠東之貿易機關，一八五七年特許發行紙幣之權利。

有利銀行　資本金一·八〇〇·〇〇〇元，該行全爲開發印度貿易目的，故範圍較上者爲狹。一九一一年，得政府之許可，發行紙幣權。

其如安達銀行，荷蘭銀行，東方滙理銀行，萬國寶通銀行者。而中國國人自營者，有廣東銀行，廣西銀行，中國銀行，交通銀行，上海商業儲蓄銀行，東亞銀行·中南銀行，嘉華銀行，廣東省銀行，國民銀行，永安銀行，中國農民銀行，鹽業銀行等。而銀號則有道亨等十餘家。

其餘之百貨公司，外營者有連加喇佛等數家外，中國人營者，有中華百貨公司等數家。報館則有華字，循環等廿餘家，而華字報，創刊至今，已七十七年矣，爲本港華文報紙始創者。

工業

香港之工業，在歸英數十年來，幷無若何大工業出現，蓋因本港土地瘠狹，且地租甚昂，各種工業原料多取自外地之故·後運輸發達，港中之工業，始相繼出現。

首要之工業，爲造船廠，開港之初，原設於香港仔，後因地勢關係乃改于九龍紅磡灣。屬於香港者，有黃埔船塢有限公司，築有船塢能容三萬噸之巨輪，如加拿大皇后船可入塢修理。其次爲太古船塢，亦爲遠東一等大船塢之一，各能容工人以萬計。其他工業，如太古，怡和等煉糖廠，士敏土廠，桔水廠，鍊鉛廠等。至於中華電力公司，資本達一千萬元，電力供給遠達新界，故本港之大工業，電力方面爲一大助也。紡織廠曾一度成立，因就近無棉花出產，不能與上海抗衡，乃自動歇業。綜以上各業皆爲英人營理之工業，華人工業如燒磚，機器，製革，銅線，線衫，製紙等，資本多則爲一二百萬元，小則一二千元，由大規模之上業至小規模工業，統計不下數千萬元之巨。惟皆爲數十年來興起之工業矣。

自中日戰事發生以來，中國淪陷區地方之工業，相繼來港，近年來更形蓬勃，形成本港爲一工商業之重地矣。本港工業區等香港集中於東區筲箕灣一帶，九龍則集中於新界，九龍城，紅磡，及深水埗一帶，統計不下數千間。其中最著者，如中華及商務印書館，南洋烟草公司，康元製罐廠，安樂汽水廠等。

農業

本港因限於地勢，農業一向不盛。香港之農產品，多由中國內地輸入，港中只有少數之出品而已。近年來因戰事影响，各地運輸困難，政府遂有發展本港農業之必要，故開闢新界，與人民極力提倡種植，在粉嶺并設有農藝會，用科學改良耕種，成績大有可觀，想將來之香港農產，或可自給矣。本港最大之農產出品，則有香港牛奶公司，有畜牧場，供給本港牛奶，鷄旦，猪牛蔬菜等；其餘新界之康樂園鷄場，元朗農場等，出產瓜菜，米糧，橙柑，牲畜等極多，亦爲本港農產品之大宗也。

漁業

本港四面環海，產魚極盛，年中輸出，數以千萬元之巨。港中大小漁船不下數萬餘艘，漁民十餘萬人，最初集中於香港仔一帶，今則筲箕灣，大澳，長洲等亦集中不少。大漁船多爲七八丈長，網長十餘丈，每船約有漁民十餘人，聯對出海，即二船拖網取魚，每去常十餘日，行程數百里，得魚用鹽醃，交諸鹹魚欄，而轉售於外埠。小號漁船，多二三丈長，網長四五丈，出海捕魚，多朝去晚回，得魚用冰凝應市，或轉交魚欄轉售各處。

至於魚貨之買賣，則屬於魚欄，分鮮魚欄與鹹魚欄兩行，鮮魚欄多開設於中環街市內，約有十餘家，鹹魚欄又分大欄與小欄二種，大欄資本有萬両至十數萬両，（交易仍以銀両爲本位），多開設于西灣梅芳街一帶，共有十餘家。船戶常向大欄作信用借欵，得魚還債，小欄又名標家，約有數十家，資本由千元至數萬元，銷售地多以廣州，梧州，等地，每年交易約一千萬元。其餘則銷售于外埠，以備製罐頭之用，爲數亦巨。

查香港於數年前，成立中國僑港漁民會，於香港仔各區，今猶存在，并設有漁民學校，免費教授漁民子弟，爲漁民造益不少也。

鴻翔公司

發軔及手創者　自八一三滬戰發生以後，商業重心南移，海上寓公多數遷居來港，爲服務社會及便利於自由中國之新女性起見，鴻翔婦女服裝公司乃於其時發軔。

手創該公司及現任司理爲楊珮女士，中山縣人，久居滬上，精文藝，擅美術，乃飲譽南北之某學者夫人，亦即本港某鉅商之女公子，查香港鉅型商店創自婦女及以婦女而膺司理者，僅見於該公司。

資金與貨源　該公司雖爲股份公司，乃具有無限制之雇充力量，所以資本充實，應付圓滿，所有貨品，皆直接向歐美預約運售，能深得各大家庭信用，每次皆能優先到達，一部分爲中國絲織品，乃向蘇杭各廠搜羅，凡有新鮮款式，均可提前運到。

科學管理及營業成績　貨物進銷，出納賬目，用人行政，一切採用科學管理制，店堂職員皆彬彬有禮，此外工場縫師皆上海籍，約百餘人，致成績以決去留，每年在滬招考補充，故工作得臻上乘，所以營業相當發達，計廿七年份製成高尚服裝三萬餘件，廿八年份五萬餘件，廿九年份可有七萬餘件。

與香港文化所生之影響　向來省港婦女服裝，不甚致究，每譽新裝爲上海裝，然上海裝不一定美化，試在上海灘頭下嚴格的批評，認爲得體者百中無幾也，況在香港獲見之上海裝乎？凡此屬於普通之製品，可不消言，以省港高級婦女所穿者認爲最時髦者，亦不過上海隔年之陳裝耳。苟有衣此北遊，涉足於上海交際場中，當自嘶弗如矣，迨香港之「鴻翔公司」坍設，竟一變香港服裝界之作風，迎頭趕上，得與滬地齊名，今日本港名媛貴婦無不服裝入時，皆出於「鴻翔」手製者矣。至於北歸之客，又無不在鴻翔公司定製揣師，蓋以其款式港滬相同，物料則廉於上海甚遠也，此時風尙所趨。港中之其他服裝店亦一致仿效其出品，神離不蛩，形似三分。故該公司於香港文化之進展，影响殊巨也。

白金龍香烟
白金龍
名烟在手
怡情遣興
細品佳味
到處稱頌
GOLDEN DRAGON CIGARETTES
中國南洋兄弟烟草公司出品

香港油蔴地小輪船有限公司

THE HONG KONG & YAUMATI FERRY CO., LTD.

REGISTERED OFFICE
JUBILEE STREET,
FERRY PIER.
Head Office Telephone No. 26113.

本公司新裝汽車渡海新式磨打輪船．及各種汽輪，共三十餘艘，常川來往九龍對海，及新界長洲青山大澳銀礦灣荃灣青衣等處，設備安全舒適，行駛快捷妥當，茲值秋高氣爽，各界搭船旅行，尤與體育衛生諸多裨益，另可抽調各輪，供應各界，凡跳舞游泳遊河及歌泳，均可隨時商洽租賃，依期不悞。

總理劉德譜啓

總經理室：弍弍四四五
寫字樓：二六壹壹三
統一大碼頭：二二五三零

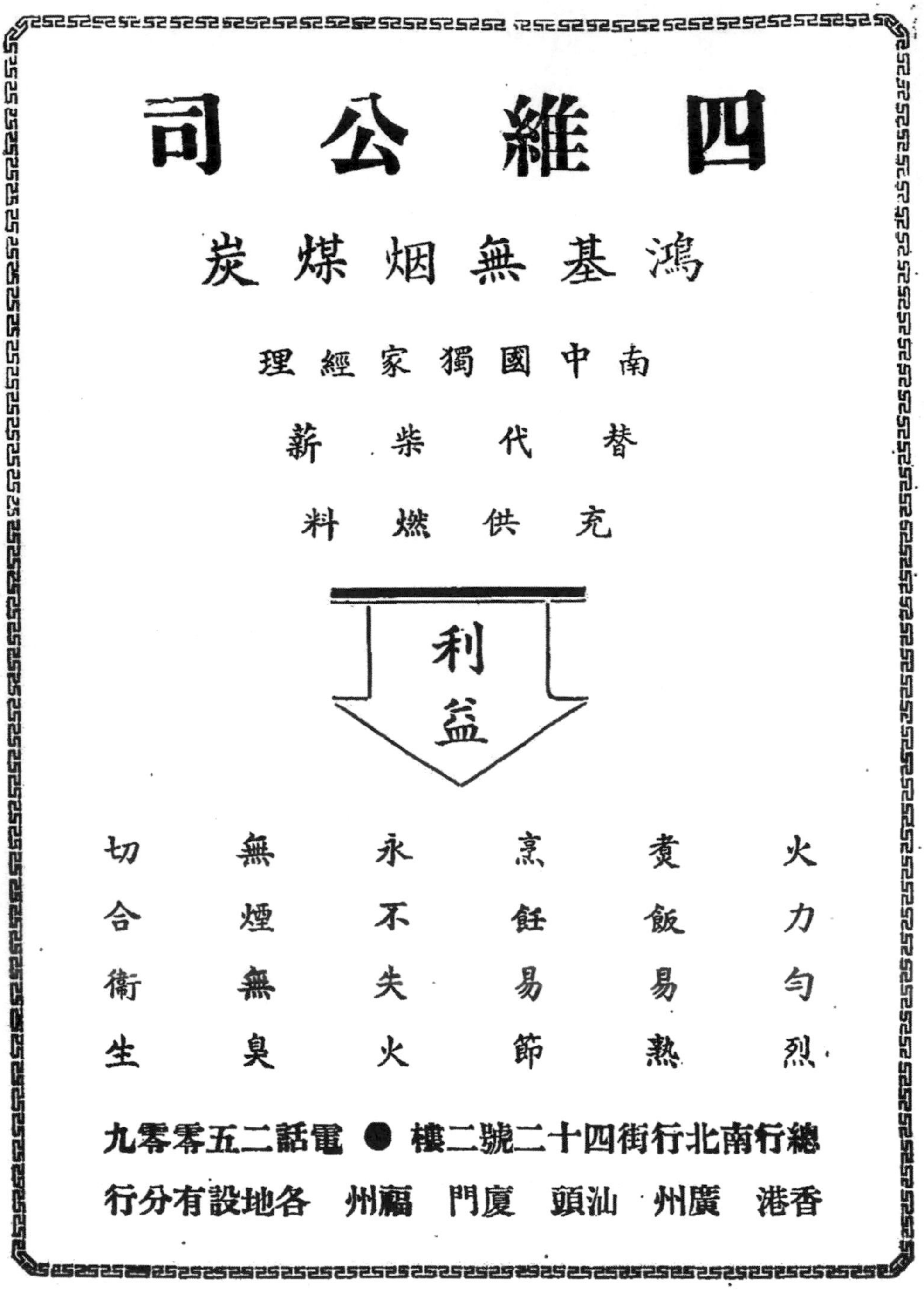
四維公司
鴻基無烟煤炭
南中國獨家經理
替代柴薪
充供燃料
利益
火力勻烈
煑飯易熟
烹飪易節
永不失火
無煙無臭
切合衛生
總行南北行街四十二號二樓 ● 電話二五零零九
香港 廣州 汕頭 廈門 福州 各地設有分行

香港政治談

香港之政治機構，與其他各地多有不同。因其乃爲英國之殖民地之一，而前爲我國屬土，居民之數以華人爲最多也。

本港政府轄于英廷，在系則直屬于理藩院。而在港內，以總督之權力爲最大。其系統可如下表，且當一一于後以釋之。

總督爲總攬全港軍事政治大權之至高至尚人物，兼任香港海陸空軍總司令，管理香港九龍新界等處政務，統轄全香港之政府機關。

香港之政治機構，爲「三權分立」，立法機關，司法機關，同行政機關，各不相統屬，其職權大有分別，然皆在香港總督之管轄也，立法機關係定例局，凡香港政府執行之法律，皆要由定例局訂立，局中有議員十八人，十人係官議員，八人係非官議員，設正副秘書各一人，以港督任主席，定例局之官議員或非官議員，係由港督委派，呈請英皇核准者。

司法機關係臬署，又名高等法院，總攬全港司法權之人物，係「按察司」，臬署所主理之案件，爲審判刑名案，及錢債案，除錢債案須直接向臬署起訴外，如屬刑名案，亦要在此起訴，同時香港警署審判過之要案，經中央巡理府初級審訊後，再解臬署定讞，臬署所屬之機關，計凡十個，爲律政司，即檢察官，其職權爲管理刑事案件，及起草法規，經歷司即法院之記錄長，裁判司，即地方法院，屬於香港方面者，名中央巡理府，審判香港方面之警察案件，其要案則初審後，解過臬署，屬於九龍方面者，名九龍巡理府，審判九龍方面之警察案件，田土廳，土地局，全港產業登記，均在此處，婚姻註冊處，公司註冊處，政府律師處，出傳票處，管理報窮事務處，商標及專利品註冊處，

隸屬於香港總督下之行政機關，先有一議政局以管理之，議政局之任務，爲協助總督辦理行政事宜，有議員十人，設正副秘書各一，港督例兼造主席，一切關於香港之行政，皆要經議政局會議通過，始交各行政機關執行，議政局之下，計設有下列行政機關，辦理香港各部門之政務。

(布政司)布政司即輔政司，又名輔督或護督，爲助總督辦理政務之至高人物，公佈港督及議政局議決之法令，紀錄接收及轉發英國政府之來往公文，凡不屬各司所管之政務，皆歸佈政司辦理，布政司所管轄之機關有二，一爲議政局秘書處，一爲護照管理處。

華民政務司，凡香港九龍之華人事宜，如婚姻，家庭訴務等，如須與政府發生接觸，或要政府爲之調解，証明，檢查者，皆由華民政務司署打理，所轄有四個機關，爲工廠調查處，過埠客查驗處，華文報紙檢查處，婢女註冊處。

（工務司），管理修整街道，建造樓房，兼理官產水務事宜，凡新建或改建樓宇者，要將圖則呈報工務司，核准後方能動工也，又要領取官產，建築屋宇或懸植者，亦係工務司所打理之事，所轄有六個機關，爲官產部，水務部，建築部，渠務部，測繪部，港務部，各部專司各部之事也。

（衞生司），及醫務總監，有「市政衞生局」，又名潔淨局，其職權，爲管理地方清潔，市塲牌照，華人醫院，及公衆衞生等事宜，衞生司轄下之機關，爲各區衞生分局，屋宇潔淨檢查處，（凡清潔各街道，及各屋宇洗太平地等事，皆由此處辦理之），化學檢驗處，港口衞生處，（凡從香港出口，規定要種痘者，就由此處辦理，或香港宣佈某一埠爲疫埠時，則從該埠駛港之船隻，不能直接泊岸，要寄碇港口，由該處派出醫官，登輪檢查，簽字准許入口後，始能駛入內海，故此處之職權甚大也），獸醫處，生死註冊處，考驗微生物處，小販牌照管理處，凡小販欲領牌照者，要先向該處登記，聽候批准，每年更換牌照，皆要向該處領換及納牌照費，至於領取食物店牌照，則不在此處範圍管理，由處理衞生局。

（庫務司）庫務司，即香港政府之財政機關，管理全港財政事宜，所轄有五個機關，爲屋宇地稅估價處，遺產稅處，鹽印總局納餉處，核數處，無綫電牌照管理處，皇家貨倉，範圍甚大所有全港政府機關購買任何用品，均由皇家貨倉辦理之，用餘或廢棄之物，亦歸貨倉處置，或開投或焚燒之，每一公物，皆烙有或鑄有標誌之鷄爪印，不得買賣，設有一總管，專司其事，附記，財政委員會則屬於立法機關，隸屬於定例局，本港每年收支預算，或徵收某一種稅則者，皆先由財委會議決，交庫務司執行，

英皇
- 理藩院
  - 總督
    - 立法——定例局——財政委員會
    - 行政
      - 議政局
        - 輔政司
          - 議政局秘書處
          - 牌照管理處
        - 財政監理官
        - 華民司
          - 工廠調查處
          - 過埠客檢驗處
          - 華文報紙檢查處
          - 婢女註冊處
        - 衞生司——醫務總監
          - 區衞生局
          - 屋宇潔淨檢查處
          - 化學檢驗處
          - 港口衞生處
          - 獸醫處
          - 生死註冊處
          - 考驗微生物處
          - 小販牌照管理處
        - 警察司
          - 各區警署
          - 政治偵緝部
          - 總偵探部
          - 車輛交通管理處
          - 領軍械危險品牌照及度量衡檢查處
          - 衛鎗隊辦事處
          - 消防局
        - 天文司
        - 勞工署
        - 教育司
          - 漢文視學處
          - 英文視學處
          - 學校衞生行政處
        - 郵政司
          - 區郵政分局
          - 有綫電報局
          - 無綫電報局
          - 播音台

（教育司）教育司之職權，為管理教育事務，及監督港中男女學校，其下轄有三個機關，為漢文視學處，（此處所管之範圍，為教授中文之學校，即變相之私塾，或自稱為國文專修科，或中文學校之類是也）英文視學處，（此處所管理之範圍，各學校之學科，皆以英文為主體，如各書院，各中學，各英文學校等），學校衛生行政處，（凡各學校之衛生設備，皆由此處派員調查，不及格者，則下令改革），又教育司下有評議會乃為顧問性質之機關，而非行政機關也，

至於為香港最高學府之香港大學，乃直接受轄於英廷大臣，香港總督例兼任監督及校長，不受教育司之管理及命令也，

（郵政司）郵政司之職權，管理及傳遞世界各國郵件及電報，所轄之機關，為各區郵政分局，各有綫電報局，無綫電報局，其權力甚大，在非常時期之今日，實施緊急法令，郵政司所受之職權，可以搜查任何郵件，及無執照之電報機等蓋禁止係管理郵政部份也。

（海關監督）海關監督之職權，為管理出入口貨，及務酒稅務等事，所轄之機關，有鴉片公賣處，務酒稅處，緝私處（凡鴉私煙私酒，以及其他私貨，都由此處查緝，）

（警察總監）警察總監即警察司，其職權，為保衛地方治安，處理交通事宜，故警察總監例兼消防隊總局長也，所轄之機關，為各區警署，總偵探部（文裝之各級警探，均隸屬此部之下），車輛交通管理處，（因警察兼管交通，故車輛之牌照，及交通則例等，均由此處辦理，凡汽車司機，不論營業或自用車，皆須到此處考試，發給執照，）領軍械危險品，牌照及度量衡檢驗處，衛餘隊辦事處，又滅火局有總幫辦，轄於消防局長之下。

船政司
- 驗船處
- 航空處
- 水上裁判處
- 移民檢查處

庫務司
- 遺產稅處
- 屋宇地稅估價處
- 厘印總局納餉處
- 核數處
- 無綫電牌照管理處
- 政府公倉

工務司
- 官產部
- 水務部
- 建築部
- 渠務部
- 測繪部
- 港務部

監獄司
- 各監獄
- 獄犯印刷工場
- 監獄醫務處

海關監督
- 鴉片公賣處
- 烟酒稅處
- 緝私處

園林監督

廣九路局

南約理民府

北約理民府

司法—臬署—按察司
- 律政司
- 經歷司
- 裁判司
  - 香港裁判司
  - 九龍裁判司
- 田土廳
- 婚姻註冊處
- 公司註冊處
- 政府律師處
- 出傳票處
- 管理報窮事務處
- 商品專利品註冊處

（船政司）船政司爲管理船戶牌照，及往來船只等事宜，所轄有四個機關，爲驗船處，（每一年內，港內之各種輪船，皆要由香港之技師檢驗過，如機件及船壳無損，以行駛者，始得行駛，否則要入澳修理，此處之職權甚大也，）航空處，（凡屬民用航空事業，要歸船政廳之航空處管理），水上裁判廳，（凡船隻在香港範圍內發生糾紛者，由此廳審裁判，爲一個水上之司法機關），移民檢查處，（凡由別埠移殖來港之人，統由此處辦理檢查）

（監獄司）監獄司爲管理執行法院定讞監禁犯人等事宜，所轄之機關，爲各監獄，獄犯印刷工場，監獄醫務處等。

（天文師）其職權，爲管理警告颶風，及天氣寒暑晴雨等，颶風來臨之前，則懸掛風球，使船隻知所趨避避於避風塘也。

（園林監督）爲管理園林培殖事宜，轄有森林檢查處。

屬於香港之行政機關，已全部詳述如上文，至於新界，則有「理民府」以辦理之，此爲司法行政機關，辦理居民之糾紛及公益事宜，但仍由上述各機關管理之也，理民府又有南約與北約之分。

及至歐戰發生後，本港處理非常時期，又增設下列行政機關，即防空監理處，戰稅局，移民局，糧食統制署，商業統制署，郵電檢查處等，于是政治之組織，益爲廣密矣。

戰時行政機關
- 防空監理處
- 戰稅局
- 移民局
- 糧食統制署
- 商業統制署
- 郵電檢查處

香港歷任總督

如彈丸小島之香港，轉瞬之間，明年又屆百年，吾人固不能不深佩夫英人之能建設經百年而不懈者，而其主要原因，則以有良好之政治，有良好之政治尤要有良好之長官，作者於此，因調查其百年來就任之港督姓名以備參考，而港島今茲之繁榮，亦繫於斯焉。查第一批委任來港之官員，為金馬倫步兵第廿六聯隊之威林堅為地方官，一八四二年二月廿六日，軒尼砵甸乍爵士繼依律隊長而為全權代表．正式宣佈香港為無稅埠，其後拜命來港為港督者，相繼而來，茲錄如下：

一八四三年　軒尼砵甸乍爵士
一八四四年　約翰法蘭斯士戴維斯
一八四八年　三美佐治般咸
一八五一年　乍畏少校(暫代)
一八五一年　三美佐治般咸
一八五二年　約翰保寧(暫代)
一八五三年　三美佐治般咸
一八五四年　約翰保寧爵士
一八五四年　威林堅(暫代)
一八五五年　約翰保寧爵士
一八五九年　堅士(暫代)
一八五九年　靴喬利羅便臣爵士
一八六二年　威林譚馬士馬沙(暫代)
一八六四年　靴喬利羅便臣爵士
一八六五年　威林譚馬士馬沙(暫代)
一八六六年　李察基利夫士麥當奴爵士
一八七零年　威非路士
一八七一年　李察基利夫士麥當奴爵士
一八七二年　雅打依堅尼地爵士
一八七五年　約翰加定拿柯士甸
一八七六年　雅打依堅尼地爵士
一八七七年　約翰卜軒尼斯爵士
一八八二年　威林喜馬殊(暫代)
一八八三年　佐治花架臣保雲爵士
一八八五年　威林喜馬殊(暫代)
一八八七年　金馬倫(暫代)
一八八七年　佐治威林德輔爵士
一八九零年　佛蘭斯士勳寧(暫代)
一八九零年　佐治威林德輔爵士(暫代)
一八九一年　狄比柏架(暫代)
一八九一年　威林羅便臣爵士
一八九八年　威路信布力(暫代)
一八九八年　軒尼亞打布力爵士
一九零二年　加士蓋尼(暫代)
一九零二年　軒尼亞打布力爵士
一九零三年　佛蘭斯士梅(暫代)
一九零四年　馬瀟彌敦爵士

一九零六年　佛蘭斯士梅
一九零七年　馬蕭彌敦爵士
一九零七年　魯押爵士
一九零七年　佛蘭斯士梅(暫代)
一九零九年　梅爵士(暫代)
一九一零年　魯押爵士
一九一二年　告羅士溫爵士(暫代)
一九一二年　軒尼梅爵士
一九一三年　告羅士溫(暫代)
一九一四年　軒尼梅爵士
一九一七年　告羅士溫(暫代)
一九一九年　宜華史搭士爵士
一九二二年　告羅士溫(暫代)
一九二五年　金文泰爵士
一九二七年　修頓(暫代)
一九二八年　金文泰爵士
一九三零年　威林貝路爵士
一九三四年　賈德傑爵士
一九三七年　羅富國爵士
一九四零年　岳桐將軍(暫代)

現任港督岳桐中將肖像

香港之總督，百年來已凡五十七易，歷三十三人，蓋其中有於數年後復任者，至於港督之任期。則無一定之年限，隨時由英國理藩院更調，但在新舊交替中，常爲輔政司任輔督。本港之街道，多以前任之各總督之名爲名，蓋以紀念之意也。

香港幣制攷

香港開埠，至今百年，幣制之演變，經凡數易。攷初時幣制，向採銀爲本位，其所以如此者，純以與中國通商利便，及華人在港居留衆多之關係。一八九六年，二月六日，由政府規定之墨銀爲本位幣，英銀及香港銀爲相當標準之貨幣。

一八六二年，本港即創辦造幣局，鑄造銀幣。二年間，關於香港一元及半元之銀幣，其鑄造量達一百四十二萬一千四百八十七元以上，其後該局以經營過大，即將全部材料出讓於日本大阪造幣廠，港局遂於一八六四年停鑄。

本港當時除有上述之銀幣外，并有輔幣五種，即銅幣十文，銀幣半毫，一毫，二毫，五毫是也，當時之流行者，以一毫輔幣爲多，十文銅幣，在英京製造，其他輔幣則皆由孟買造幣廠所鑄，流通額約二千六百二十九萬元。

香港輔幣，每毫以七分二爲率，惟其重量最準，新鑄一毫銀幣，每萬枚約多重五六両不等，舊者亦多重三両有奇，蓋所以保全該銀之行使日久，而銀質亦足重有餘，即所以昭示此銀之信用也。至其行使規則，已有商務定例，凡委收銀之數目，多過二元者，則不用一毫銀幣，以示限制，如兩造交收之人，彼此不執行者，亦聽之。此種毫幣之成式比之大元低一成，以通常論，香港商務，年中需用此種毫幣爲數不少，每年政府詢問銀行，市面銷流若干，即定鑄若干，只期便人民，非爲圖利也。然本港年中商務極鉅，人口繁多，且內地流通甚遠，故每年銷數約可在二三百萬元之譜。

至於本港之紙幣發行，以金寶銀行香港分行爲最早，亦爲本港銀行之嚆矢也，其創設在一八四五年，發行紙幣則在一八四七年，發行額僅數萬元耳。其後相繼而得發行紙幣權之銀行，計有渣打，上海，有利三行。渣打銀行於一八五三年，取得發行權，紙幣發行限度四百萬元，有五元，十元，廿五元，五十元，百元，五百元六種。上海銀行則於一八六六年，取得發行權，計有一元，五元，十元，廿五元，五十元，百元，五百元等七種。有利銀行，於一九一一年向政府取得發行權，計有五元，十元，廿五元，五十元，百元等五種，惟限制頗嚴。

其初澳門銀行，廣東官銀錢局，及萬國寶通等銀行，亦曾一度有紙幣在本港流通，自一九一三年八月，香港政府頒佈外國貨幣，禁止流通規則後，遂不復現。

至一九三三年八月，美國宣佈白銀國有政策，世界銀價高漲．我國府杜絕白銀外流起見，亦隨頒佈征銀出口稅，兼課平行稅，復於一九三五年毅然施行通貨管理政策，以紙幣爲法幣，白銀收歸國有。我國金融制度爲之一變，香港以密邇華南，經濟關係至爲密切，況中國金融政制與英鎊發生聯系者，故香港亦隨之宣佈通貨管理，廢止用銀，香港幣制至是又爲之一變。

香港貨幣制度改變後，市面除上海，渣打，有利等銀行紙幣通外，政府并發行一元紙幣，及鑄造一毫，半毫鎳幣二種，及十文銅元，以資流通，即現今之市面通行者是也。

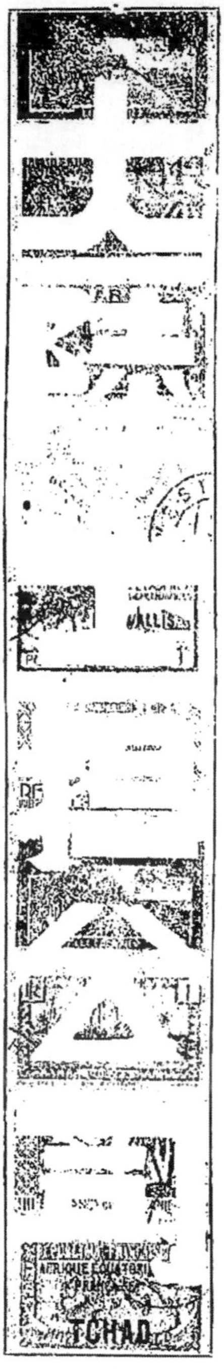

買賣各國新舊郵票

香港百年郵票本號大帮發售

香港營業部：嚤囉街第弍號

九龍營業部：彌敦道六二八號A

通訊營業部：郵政信箱一三三九號

郵票史

本港位東西半球交通之中心，各種交通事業，進步之速，無有倫類，郵政之發達，尤非世界各地之可及，香港郵政，最初係由英國所支配，至一八八六年，英國政府開始移交其掌理權於本港政府，一八六二年十二月八日，開始發行郵票，無水印之維多利亞女皇像郵票九種，為二先，四先，五先，八先，十二先，十八先，二十四先，四十八先，九十六先。

一八六三年至一八七四年間續發行楷書CC水印之女皇像郵票十二種，為二先，四先，六先，八先，十二先，十八先、二十四先，三十先二種，四十八先，與九十六先二種。

一八七六年發行十八先改十六先與三十先改二十八先二種。

一八七七年續發行楷書CC水印郵票十六先一種，一八八零年暫改郵票五種，為八先改五先，十八先改五先，二十先改十先，十六先改十先，二十四先改十先，同年發行皇冠與楷書CC水印郵票四種，為二先，五先，十先與四十先等。

一八八二年至一八八三年，皇冠與楷書CA水印郵票五種，為二先二種，五先一種，及十先二種。

一八八五年皇冠與楷書CA暫改郵票三種，為三十先改二十先，四十八先改五十先，九十六先改一元。

一八九一年發行皇冠與楷書CA水印郵票二種，為十先與三十先，是年皇冠與楷書CA水印暫改郵票三種，為三十先改二十先，四十八先，改五十先，九十六先改一元，同改水印中文暫改郵票三種，為三十先改二十先，四十八先改五十先，九十六先改一元。

是年一月廿二日、女皇金禧紀念發行加蓋1841 HONG KONG JUBILEE 1891. 郵票一種，女皇金禧紀念郵票發行後，再度覆行暫改郵票二種，十先改七先，三十先改十四先。

一八九六年發行皇冠與楷書CA水印四先一種。

一八九八年九十六先改一元之郵票二種，及三十先改十先二種。

一九零零年至一九零二年間，發行皇冠與楷書CA水印郵票六種，為二先，四先，五先，十先，十二先與三十先等。

一九零三年發行皇冠與CA水印之愛德華七世郵票十五種，為一先，二先，四先，五先，八先，十先，十二先，二十先，三十先，五十先，一元，二元，三元，五元與十元等。

一九零四年至一九零七年間發行重覆皇冠與楷書CA水印郵票十五種，為二先，四先，五先，六先，八先，十先，十二先，二十先，三十先，五十先，一元，二元，三元，五元與十元等。

一九零七年至一九一一年間發行重覆皇冠與楷書水印郵票八種，為一先，二先，四先，十先，二十先，三十先，五十先與二元。

一九一二年至一九二一年間發行重覆皇冠與楷書CA水印之喬治五世像郵票十六種，為一先，二先，四先，六先，八先，十先，十二先，二十先，二十五先二種，三十先，五十先，一元，二元，三元與五元，十元等。

一九二一年至一九三七年發行重覆草書CA水印書十八種，爲一先，二先二種，三先，四先，五先八先二種，十先，十二先，二十先，二十五先，三十先，五十先，一元，二元，三元與五元等。

一九三五年五月六日發行喬治五世銀禧紀念郵票四種，爲三先，五先，十先與二十先等。

一九三七年五月十二日發行喬洋六世加冕紀念三種爲四先，十五先與二十五先。

一九三八年發行草書CA水印喬治六世像郵票十六種，爲一先，二先，四先，五先，十先，十五先，二十五先，三十先，五十先，一元，二元，五元與十元等。

一九二四年發行欠資郵票五種，爲一先，二先，四先，六先與十先，一九三八年再發行二先，四先，六先與十先，欠資郵票，惟是年之欠資郵票與一九二四年之欠資郵票則顏色不同也。

於一八七四年至一九零二年間，曾一度用印花作郵票者共六種，十五半齒X十五齒者三種，爲二元，三元及十元，十四齒者三種，爲二元，三元與十元等。

一八八二年十二先，印花暫改十元者一種。

一八九一年五元印花暫改十元者一種。

一八九零年二先印花暫作一種郵票。

一八九七年印花暫作郵票暫改郵票一元改二元二種。

一九三八年曾以五分印捐士担暫作郵票行使者十一天。

一八六二年發行之維多利亞女皇像郵票七種

一九零三年發行之愛德華七世郵票十五種

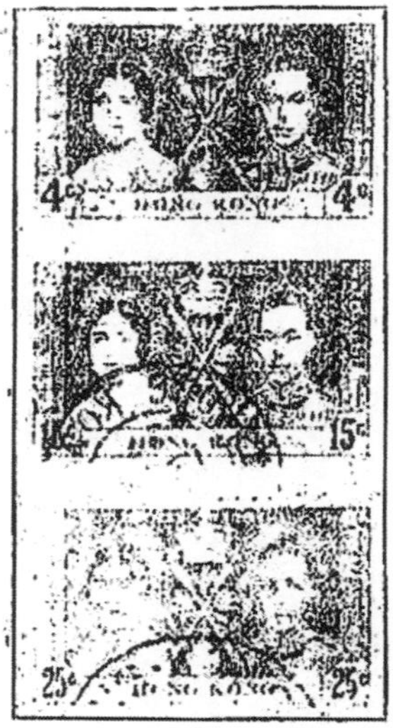

一九三七年發行之喬治六世加冕紀念郵票三種

一八七四年發行之印花暫作郵票六種

一九一二年發行之喬治五世像郵票十六種

一八九零年發行之二仙印花暫作郵票一種

一九三七年發行之喬治六世像郵票十三種

一九三八年曾用十一天之五分印花暫作郵票一種

一九二四年發行之欠資郵票五種

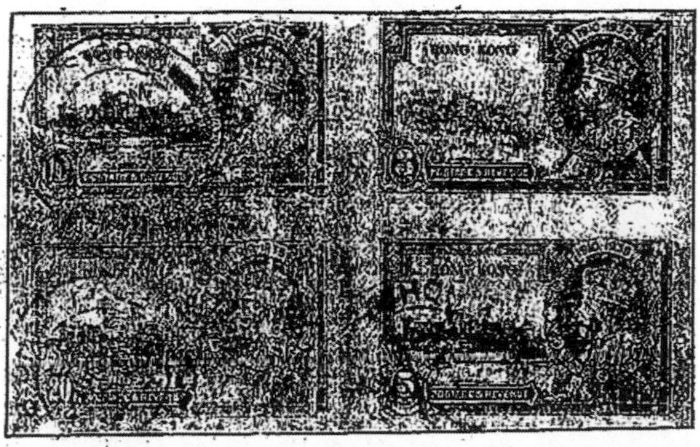

一九一零年發行之喬治五世銀禧紀念郵票四種

統計本港所發行之郵票共一百五十六種，印花暫改者十一種。欠資者九種。

本刊經多時之努力，已搜集完全，惟以限于篇幅，故只擇其最名貴者，製版如上：

香港百年以來之郵票，其中變換，已如上述、一九四一年本港又將發行一種百年紀念郵票，該項郵票圖樣特聘本港著名美術家担任設計，寄赴英倫印刷，票面圖案描寫本港特別風光，百年來之進步，附以華文題字，甚為名貴，此批郵票，全部總計一千零一十萬枚，計開項目數量如下：(一)二仙者一百五十萬枚，縱線形附香港街道景物，中心印橙黃色。(二)四仙者一百萬枚，橫線形，附郵船及帆船景，中心印線紅色。(三)五仙者四百八十萬枚，橫線形，附香港大學景，中心印黑綠色。(四)一毫半者一百六十萬枚，橫線形，附香港港口景，中心印深紅色。(五)二毫半者七十二萬枚，縱橫形，附滙豐銀行對德輔道中門面景，中心印赭藍色。(六)一元者四十八萬枚，橫線形附中國飛剪機號，中心印淺綠色。

此批百年郵票，發行以後，本港郵票又增一頁新史矣。

香港開埠記

香港開埠，甫足一世紀之數，今日已成爲東方宏偉的海港，遠東最繁盛的都市，誰復回憶當初只是一個荒蕪的海島，連禽獸動物也不多見。

香港由一個海島，開闢成爲今日之樣子，這斷不是偶然的事，而且許多人沒有眼光知道會有今日之繁榮，當年開埠之時，極力抨擊反對的。

而且當時的抨擊反對，確是很厲害的，倘沒有一部份有識之士，確信自己的眼光，不畏人言，獨排衆議，辛苦經營，恐怕今日的香港，還不是荒島一撮啊。

菲氏先生曾在年前，憶述這時香港開埠情形，他在文裡第一句就說。

「如在事前放棄香港，俾不至爲英帝國將來之累」，這句話在今日發達得如火如茶的香港看起來，似乎有點詫異，但九十餘年前，因爲食料缺乏，本身出產力薄弱與及天氣惡劣各種問題，一般曾遠戍香港的海陸軍人員口中確有此種呼籲，以期呼起民衆的同情，來反對政府開發香港的決策。

他們首先在上下議院，從事這種煽動，故在一八四七年之始，兩院因受各方議論的影响，認爲香港將來會損害大不列顛利益緣故，對於取捨問題曾作劇烈的討論，一般不滿意的人們，提供不少不可耍的理論，其至當日港中流行的謌謠亦算作一種有力的辯証，經被困在維多利亞監房的一個海賊，作了一首詩，誹謗得香港一無可取，亦被拾爲放棄的資料。

反對的怒潮，當時確有如風起雲湧，非達到取消目的，不肯止之勢，今日的讀者看起來，必然怪這般人無遠大目光，然再看下面一段，當面証明，更會令你啞然失笑，一位曾充香港庫務司穆金華利爵士 Sir Robert Montgomery 對下議院有這樣的說法。

「關於調查與研究英國殖民地的工夫，我已費了二十載的時光，香港的地方，經再三研究過，無論在任何方面，都不能引起我一點趣興，更無希望使其成爲我理想中一重要的商港，試問巨石深坑，處處皆然，荆棘叢生，蛇虫遍地，本身生產不足民居一日之用，如果要經我們在華根據地這一點而論，特別採取香港，我的意見以爲是最大不幸的事，同時又是一種損失」。

反對者固然異口同聲，作悲觀論調，但獨具眼與表同情的人，却另有他們的理由，香港第二任總督法蘭西戴威士爵士 Sir Francis Davis 說「諸君，請記吾言，香港將成爲遠東的樞紐，就現階段下來看，這種話，簡直可以說是一句預言」。

「反對者對于這種類似的預言，加以莫大的譏笑，他們的答辯是」無疑的，戴爵士是熟知中國事情的人，但他在遠東太久了，他的腦筋已受熱帶的陽光過大刺激而變質了，他應該明白，如需要特別增稅時，這座牛山，將從何處下手呢。

「如果實行强逼收稅，只有從貧苦大衆身上來剝削，這不是很容易引起反感嗎」。

「島上居民，可說無一個富有的，試問稅務又從何處收起，而這個一片荒凉的海島，相信永無富有的華人會來經商居住的」，又是幾句放棄香港的有力宣傳文字。

一般不滿意政府開發香港爲商埠的人，對于强迫政府回心轉意的宣傳工作，上面可說得洋洋大觀，他們更不厭求詳，特地找由遠東回來的人，用動聽的筆調，描寫香港是何等惡劣的地方，要算一位曾留居過香港的作者，把港中的天氣，寫得淋漓盡致，其恐怖處，有如地獄。

「……五月下旬一直六，七，八月及九月份之一部便是香港淫雨為災的時候，雨量之大，眞有若決江河之勢，連續不斷的倒瀉，夜以繼日，好像是不會停止的，相信印度，非洲，澳大利亞洲，或任何世一角都未有這樣滂沱的大雨」。

「天上滿佈着，水份的黑雲，一層一層的壓下，天地間的距離，好像可以啣接了，然後雨水像洪流一般的衝下來，把這座牛山，擣成千瘡百孔，坭土傾瀉，山石橫飛，土地上的肥沃經日夜的大雨，洗得一乾二淨，各處潮濕不堪」。

「在這雨天期內，間或一天半天會雲收雨散的，但隨着便是烈日懸空，炎熱異常，因此熱力與水份交織，形成一種莫可名狀的輕烟，最難抵受，影响居民健康至深且大」。

「這種烟霧，看起來并不十分利害，不知地中因感受熱力而發出來的熱氣，足以至命的，這氣縱上昇並不高，不過離地而三四尺，續漸與左右的空氣交流，各處涎漫，人之吸，雖不即時致病，但身心受害極大，任你是銅皮鐵骨，他受不了」。

上面所述的情形已足够恐怖，然尚不祗此者，反對者更請了曾到過港的英帝國政府總工程師，提供了一點更為有力的理由，認為開發香港是一種危險的試驗，且看看他說法。

「香港的死亡人數日增，現在的墳已有頗滿見遺之勢，若不另闢小地，則恐死無葬身之所了，而處處都是石山，發掘很難，須問或有些浮土地帶可用，然傾斜不堪，又不宜用，簡直再找不出一點的墳場」。

「如果要開發這一處地方，連墳場都成問題的，其他尚有什麼好處呢，最好的是政府能依照我們的決策，早日放棄這樣的荒地吧」附和人的更振振有辭了。

「還有」他們搖頭嘆息，不勝悲喪似的『再說』自從我們佔有香港之後留居民無日在不死亡線上掙扎』。

「自去年(一八四三)香港派遣軍士的死亡已達三分之二，單就十八聯隊而論，在二十一個月共死二百五十七人」。

「尚有其他營隊未計算在內，除死亡之外，多數的士兵因病而無法担任日常在外勤務工作的實在不少，往往一百人之中只有五六人是能夠荷槍執行職務及參加日常訓練，此皆由天氣不良各人身體蒙其影响所至」。

這一般話以足令未過香港的人聽得而毛骨悚然，不寒而慄了，仇視香港的敵人，再多方面尋有力的證據證明島上的天氣是無法居留的，一位退職軍人曾到過香港又發表以下的談話。

「不論海陸軍人員，一進香港，便覺得太陽光線極其難受，須非洲與印度兩地的酷熱亦不及香港利害」。

「祗離香港不過四十里的澳門，人們須在七月炎熱的當兒，尚能在街上行走半日亦無所苦，但香港則不然，在這樣熱日來往街中，死神便會隨後而至」。

「華人因事來島上居住，亦會作不長久逗留的，到了任務完畢便走了，他認為居住香港是太危險的事，且有性命之虞」。

「曾到香港小作勾留的歐洲人士，無一不受這種惡劣天氣影响，而至人體康健機構完全摧毀至于不可恢復，從香港染病的人多半是返國後方壽終正寢的」。

從上述各　有力的反對聲浪中，可見得當時的人對于香港的取捨問題，如何力爭，但政府的決心並未移動分毫，仍貫徹初衷努力經營，先後擴大現時的皇后大道另築海傍道，濬深海港，遂成了今日遠東最偉大的商港，亦為現日英國在勢力的前衛，其重要性不亞於英在地中海的門戶，「香港將為遠東的樞紐」鐵爵士言之百年前，其眼光之遠大殊有出人之處呢。

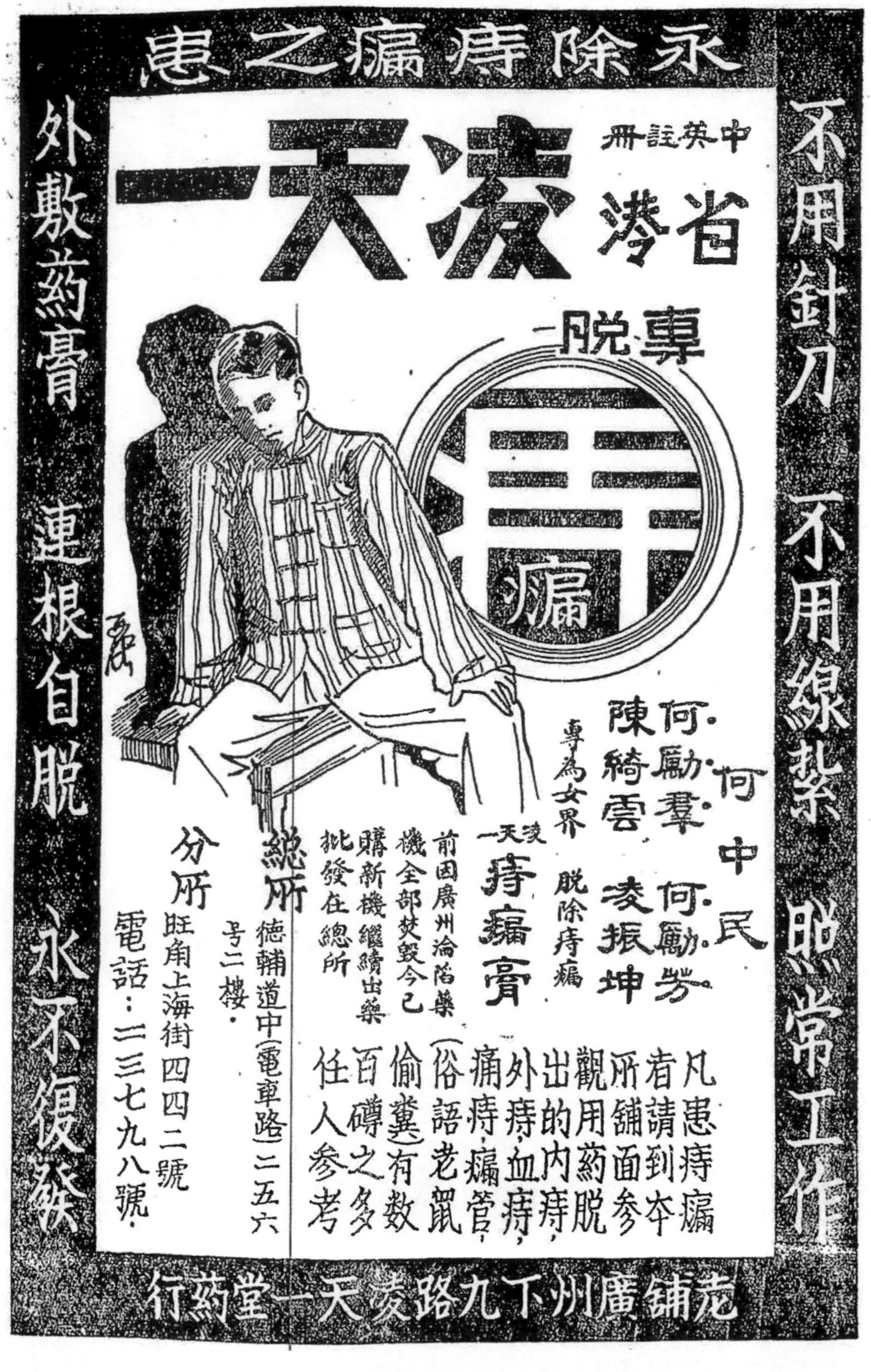
永除痔瘺之患
中英註冊
省港
凌一天
專脫
痔
瘺
不用針刀
不用線紮
照常工作
外敷藥膏
連根自脫
永不復發
何中民
何勵羣
何勵芳
陳綺雲
凌振坤
專為女界
脫除痔瘺
凌一天
痔瘺膏
前因廣州淪陷藥機全部焚毀今已購新機繼續出藥批發在總所
凡患痔瘺者請到本所舖面參觀用藥脫出的內痔，外痔，血痔，痔瘺管，（俗語老鼠偷糞）有數百礴之多任人參考
總所
德輔道中（電車路）二五六号二樓·
分所
旺角上海街四四二號
電話：二三七九八號·
老鋪廣州下九路凌一天堂藥行

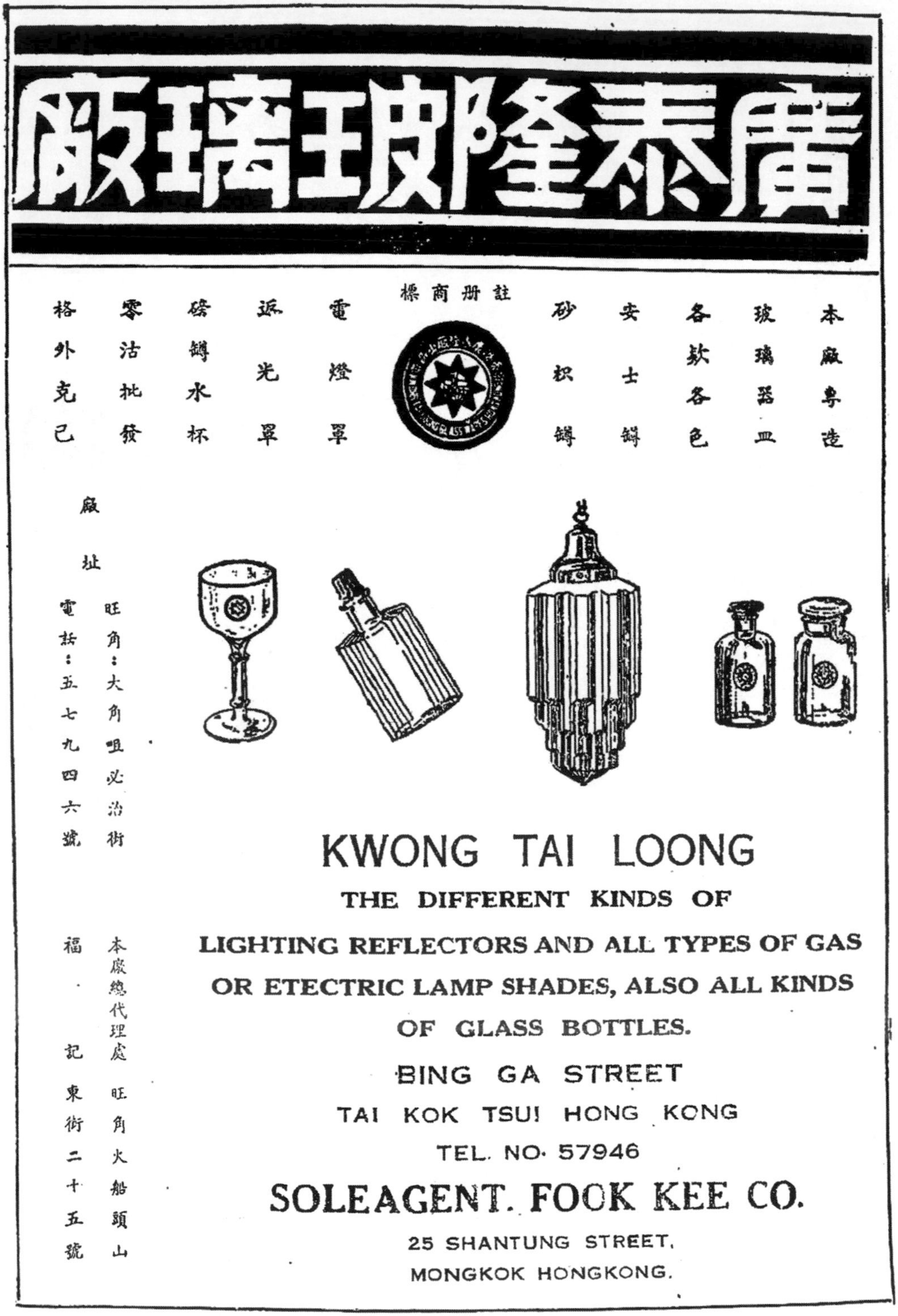
廣泰隆玻璃廠
註冊商標
本廠專造
玻璃器皿
各款各色
安士罇
砂枳罇
電燈罩
沙光罩
磅罇水杯
零沽批發
格外克己
廠址
旺角：大角咀必治街
電話：五七九四六號
本廠總代理處
福記
旺角火船頭山東街二十五號
KWONG TAI LOONG
THE DIFFERENT KINDS OF
LIGHTING REFLECTORS AND ALL TYPES OF GAS
OR ETECTRIC LAMP SHADES, ALSO ALL KINDS
OF GLASS BOTTLES.
BING GA STREET
TAI KOK TSUI HONG KONG
TEL. NO. 57946
SOLEAGENT. FOOK KEE CO.
25 SHANTUNG STREET,
MONGKOK HONGKONG.

世界大戰與香港

香港最初一世紀中，竟一連過着兩次歐洲大戰，世界屠殺風氣甚熾，能不令人惋惜。

在這兩次大戰當中，香港均受影响，但各有各的特徵，當寫此文之時，第二次還未結束戰事，將來變化更能影响香港至何程度，未可預卜，但是兩次歐戰之香港，在現時也可以獲得一個概念，深刻的概念了。

在上次一九一四年歐戰時，第一着港府便帋下令捕敵僑，在二次時，港府自也是同樣的舉動。

在這一九三九年第二次歐戰爆發時，香港德僑也有百餘人，其中也是商人與僱員居多，也因奉行戰時法令，香港政府把他們拘留在九龍喇沙書院集中營，但不數月，就遷離港外另一地址囚禁了。

這次德僑被捕者中，純粹是德國種的很少，大部還是猶太人，這是近幾年來，猶太納粹化的影响，所以，也許可以這樣說，被捕是很無辜的，但是這不能理想英國的戰時措施，倘多謝德國元首希特拉吧。

捕了德僑未幾，接着意大利也加入戰渦，本港意僑有數十人，也不久爲港府下令拘捕，一同禁入集中營，意大利教士，被困在敎堂里，也不得自由。

德，意僑民被捕了，德，意的商業在港的就是完全被封閉，洋行，商店，一時減少了許多。

華人始終都是愛好互助的優秀民族的，所以在這次歐戰中，也予政府方面很多的合作，而且合作得很誠摯，這很使外國人對於華僑認識，更添一點。

陸軍當局，自從接到宣戰的消息，就開始英籍居民登記，青年壯丁都選任義勇軍，後備軍，受軍事訓練防空訓練，女人也徵去訓練電話通訊，駕駛汽車，人人各盡其才，華人方面，也隨着舉行登記手續參加防空訓練，義勇軍，後備警察，消防隊，幷且也隨英人一樣熱烈地捐輸，仍然保持和上次歐戰時一貫的良好精神。

在這次歐戰中香港商務上所受的影响比較嚴重一些，自然戰事一發後，即和上次一樣港口進出的自由，必須加以限制，同時因是在中日戰事範圍中，許多口岸不是被日軍封鎖，便是因淪滔日軍，交通不能如常，所以商務損失很大，民生的痛苦，也由淺入深，最甚的尤是粮食，燃料各種問題，所以後來政府立刻施行粮食統制，商業統制，燃料統制等等，救急措施。

也是因日人在遠東所引起的不安，在這次歐戰中，港府强迫施行疏散，一連三四次用輪船，把登記的英籍婦孺，遷出澳洲，婦孺不願去的，請求審查免去，但審查結果都是去的多，這次强迫疏散，到十一月才奉英廷命令，停止執行。

在英人疏散中，各國僑民也醞釀撤僑，所以在戰事發生數月來，香港情勢，一時數次緊而復弛，形成幾個嚴重局面。

華人方面，在疏散中，粵省政府也派員料理招致婦孺的事，但是效果不及理想，英政府以中日戰事以來，內地難民逃港者甚多，致各市區露宿者擠擁不堪，失業者難以統計，所以極力鼓勵華僑離港，同時更逐漸施行移民局法例，使香港人口威脅情勢，減落下去。

在一九一四年第一次大戰時，空襲戰術已發明了，但在這次戰事和中日戰事的場面裏，這一種天空戰術，已形成爲可怖而且流行的戰術，所以在歐戰發生前後三年，防空工作，推進不懈，大規模燈火管制，相隔不多時便舉行，白晝防空演習也舉行多次，而且後來又分區舉行，這算是這次大戰中所見的一點特色，至于各大山，各大溝渠，都更挖成或蓋成偉大的防空洞了。

警察的實力加增，在這次歐戰中，更比上次進步，居民發動組織港僑自衞團，後來解散，又重組保衞團，保衞團組織和後備警察不同，但是却和後備警察一樣，受薪的職務的。

香港財政的收支在這次歐戰中更比上次艱苦，但是捐戰費，和上次沒大上下，計開戰未幾，即首先之滙上一百萬元，後來立法局會議，又通過再加滙一筆大數，但是這時還沒有發行戰時公債。

英僑自然對于祖國十分關懷，所以戰事一起，就迅速成立，英戰時慰勞會，籌款救濟傷兵難民，繼之南華西報發起，戰費募捐運動，接着又成立一個英人後援會，都是加緊後方運動的。

在這次戰事中，宣傳工作也相當的，每日播音台都有情報局的演講轉播，通衢大道都有美術的文字圖畫，雖然大多數仍是如戒愼言防間諜之類，其宣傳是無微不至的。

這次香港雖還未發行戰時公債，但是却開徵戰時特稅，這却比發公債還收效的，所徵的分爲：業利稅，產業稅，薪俸稅，公司稅，于是這次居民特別的負担，便比較得發公債時，又負得多了。

寫到這裏讓我們回想到上次大戰情形：

一九一四年歐戰爆時，香港僑約有二百人左右，其中半數，是商人與僱員，半數是婦女與兒童，遵照國內（英國）命令，敵人的預備兵都被拘禁在一小島上面。

德僑中沒有一級預備兵，但在戰爭初爆發時進口的船隻中却捕獲了幾個，向來居住在港的德僑中，二十個是二級預備兵，其餘便是以職業性質或年齡關係而被豁免軍役的。

那些被豁免軍役的，最初本來只對他們行動略加限制，後因防範走漏船隻來往消息，決於全部拘禁，此舉始於一九一四年十月月底，建一集中營於九龍，同時那個小島上的囚犯也悉數遷禁於此，一九一六年初，又遷澳洲，島上絕未因有德僑之故，而稍有紛擾不安。

不錯，最初謠言頗盛，華人逃回鄉省內地者約有四五萬人之多，其中大部份是婦孺，但是，不久之後，又都回來，這時候，島上的華人居民充份顯出了他們底公共精神，踴躍地加入義勇軍和特別警察，並且慷慨輸將，補助軍費。

港口進出的自由是必須加以限制的，所以在戰爭爆發不久之後，一切貨物的輸入與運出，必須獲得准許方可能通行無阻，目的是防止違禁品的偸運與阻止與敵通商，這封度一直維持到戰爭結束。

戰爭將爆發時，義勇軍即已動員，後備義勇軍亦開始登記，所有英籍男性都自動加入後備義勇軍爲因服務，戰前，義勇軍總數三三九人，後備隊一八一人，開戰一星期後，義勇軍名額增至三九三名，後備隊增至三一八名。

由於武器，配備與訓練之不敷支配，許多自願參加義勇軍和後備隊的都不能加入而只好充任特別警察。

戰事初發，差不多有兩百個華印警士由港政府借給軍事當局，從事軍事工作，他們原有的位置，則儘可能的由特別警察填補，數星期後，那些警士恢復了他們底原職，一部份沒有資格充義勇軍的特別警察，願意在警務處繼續服務，其中華人，印人，葡人均有，在一九一四年十月廿二所通過的特別法令之下，他們組織了一個特別警察後備隊，司令是本港的一位律師珍侖氏，直屬於警察總監。

特別警察後備隊的人數不久到了二百五十名，由歐人五十二名，印人二十七名，葡人九十七名（多數是葡萄牙與中國的混合種），華人七十六名合組而成，短時間內增至五百，最後超過了六百，全體分為四隊，一隊歐印混合隊，一隊葡人隊，兩隊華人隊，其中有一小隊麥克沁機關槍隊，一小隊電單車隊，一小隊騎兵隊，一小隊華人救傷隊，是項人員對於正規警察之有力幫助，使歐籍警士六十九人得以解除警察職務者赴駐法英軍中担任服役，一九一七年通過之補充法令中，該隊正式易為香港警察後備隊。

一九一七年，通過一軍法，規定本港未蒙特准豁免之英籍人民，凡年在十八以上，五十五歲以下者，一律須在本港充任軍役，在此法令下，成立了香港防軍，該軍包括義勇軍及義勇軍後備隊，但特別警察後備隊不在其內，全軍共有砲兵，工兵各一隊，步兵一營，歸印軍少校摩根統率，這樣一來，島上的英籍人民都已參加了軍事工作。

其時，島上及遠東其他各埠有大批英籍少年開赴歐洲前綫，旅費均由香港政府供給，一部份年紀較輕的，常以不能親上戰場為憾，後來他們終於得以如願以償，但以純粹英國血統者為限，綜計直接赴歐加入前線作戰者，至一九一八年四月止，共達四六三人，結果死於戰場上者七十五人，戰功至為彪炳。

同樣值得稱頌的是香港以英帝國一單位的資格對於戰費捐助之踴躍，一九一六年，發行戰事公債二百萬元，用途是供「英皇應付現行戰事之用」，次年徵收戰事特別捐百份之七，自一九一七年七月起，共徵二年。

上述二數目，連同港政府行政經費贏餘之捐於英政府者，總數共達港幣一千零廿五萬元，除了述數目，除了上香港的經常防務費用，港政府所消耗的戰事費用是一・八五四・二九二元。

一九一四年尾，組織了一個戰事慈善捐款委員會・一八一六——一八年間，捐款總額港幣一・四一九・〇〇〇元。

港不多每一個慈善機關都受到香港方面的捐款之惠，無論它對於戰爭有無密切關係，受惠最多者為紅十字會與中央戰時俘虜委員會，各得捐款一八・〇〇〇鎊，海陸軍官人救濟會的一萬五千鎊居第二位，英皇海員救濟金得一萬一千鎊，法國紅十字會亦以受惠七千鎊而對香港留下了一個深刻的印象。

各婦女團體也是成績斐然，香港戰時工作人協會，瑪麗太后針線團和許多其他團體捐助了許多衣服，醫藥用品等物，香煙公司捐助了大批香煙與雪茄，勞勃脫夫人的望遠鏡募款運動也得到有力的擁護與支持。

宣傳工作也做得相當努力，去反駁中國境內的間諜活動，曉諭中國人民以德軍的作戰方法，最後決定德軍的暴行應該讓中國學生都知道，於是教育司麼姆士著印了一部「戰爭故事」散佈於香港及中國內地學校，後來甚至被非律濱教育部所採用，作為鼓勵捐款的宣傳材料。

設衛先生被請來講述德軍的行動與情形，長期受僱的共有十人，每月聽衆達三萬人，這種故事的講述大部份是舉行在往來於省城，澳門，江門與香港之間的輪船上面，一隊電影放映隊奉命赴四鄉放映新聞電影，但因當時情形不甚安寧與西江氾濫之故，沒有獲得成功。

從稅捐方面推測，香港在戰爭期間仍向繁榮之途猛進，戰爭雖有種種影響，但一九一四年間，稅收反見增加，是年本港財政・盈餘數目甚鉅，嗣後兩年，亦有增加，一九一六年的收入，且為一九一三年的兩倍，但此項數字之造成，並不由於稅捐之加重，同時日常生活費用，亦未比平時增加。

香港為英國殖民地之一，它的重要意義是為了它是英國遠東軍事前哨，香港於一九一四年八月五日宣佈進入戰事狀態，時間較戰事爆發後一日，總督權力同時擴大，公佈了許多戰時法例，統制造船，運輸，電訊，物價等事宜，在不列顛統治之下滿足地生活，絕對不感受德軍的威脅，在戰事厲行的四年間之內，佔有島上絕大多數的中國人民，和不列顛帝國打成一片，始終站在公正與自由的地位，經營他們的生活與商務，一部份也就是依靠他們的合作，使香港在戰爭之中，對於不列顛帝國盡了它所應盡的責任。

中日大戰時期

香港在本世紀中，最逢偉大之事，如兩逢世界大戰，而尤有者，則為中日大戰也，在兩次世界大戰中，香港均表現其與惡劣環境奮鬥之能力，在中日大戰中，尤足見其奮鬥之力量堅毅也。

中日戰爭于民國二十六年即一九三七年爆發，戰火突燃于盧溝橋，日機則濫向中國大肆轟炸平民，香港于是成為居民避難桃源，故戰事伊始，即受其引動，而發生莫大影響。

內地難民，既紛逃來；港中人口，狂增不已，本港市區，住宅範圍甚狹，一時遂感供不應求，業主紛紛大增租值以為應付，以前每層樓值十數元者，首次加租數十元，再又復加，值至百餘元，而加租次數，尚層疊不止，故戰事首予本港之影響即為加租之風潮。

業主之加租，不獨對于新屋為然，其固有住客，亦感受此種壓迫，業主屢次提出加租，如不答應，即須遷出，□□□□□□□□□□□□□□□□□□□，□□□□□，□□□□□□。

住客與難民，欲求一席蔭地，遂致飽受業主之壓迫，痛苦不堪，且時又有歹徒，乘機斂財，或壟斷屋租轉索鞋金，或霸佔樓房，以索頂平高價，或包租居奇，作其二路房東，種種流弊所至，住客愈為痛苦。

住客聯合遂以是產生，反抗□□□□□重重剝削，社會一時為之波動不已，至港府頒佈妨止迫遷條例，此種風潮始息。

迫遷風潮息後，全港屋租已成立一新水準，一房不足容膝，亦須百數十金，于是貧瘠者，已難應付，貧之者更流爲露宿貧民，棲于街頭，或淪入難民營，社會下層人口，日益以增。

無何寶安戰事發，新界難民擁入，人口問題與房屋問題，更甚嚴重，港府乃在新界，九龍及香港設立八大難民營，幷劃出數大貧民區，以爲收容，而人口之增加仍無法制止，于是港府乃毅然施行移民條例矣。

香港志強中學於八一三日，由校長率領員生百餘人列隊巡行，藉以喚醒僑胞愛國運動之意志。

華僑天性愛國，自戰事發後，華僑之愛國精神，更諸具體化，創出不少驚人事跡，最見者，厥爲各種愛國事工之團體紛紛而立，華商總會爲全港華人之最大機關，即先成立華商籌賑會，繼之有各行籌賑會，均以籌賑爲工作號召。

婦女界方面，首起者爲婦女慰勞會，前婦女兵災會起，中國婦女會又產生，于是鼎足而三，力事工作不懈，而與原有婦女新運會，女青年會及自滬來設分會之婦女節制協會等共六女團體，更見工作之規模焉。

救護隊之組織，無何亦相繼發揮以起，慰勞團等組織亦如雨後春筍，僑胞之工作更日趨蓬勃。

然工作方面，尤限於籌款為多，發售花，賣物會，演劇，賣花等等，籌款方法，無日不有，而僑胞出錢之精神，並不稍懈，即如舞女等亦起義舞，街頭小販亦有義賣，熱血之情，令人感佩，所謂愛國不分老幼，捐輸不論貧富，港僑可以受之無愧。

香港迴近華南海岸，故戰事蔓延至華南，香港之地受日軍直接或間接之封鎖，以是香港工商各業，受不良影响甚劇。

港為仰外商埠，出產不豐，故對外交通一受阻碍，粮食即成嚴重問題，日軍既侵華南，東西江貨物，即受封鎖，本港與內地交通，不絕如縷，貨物來源減少幾又港越港海因日軍之行動影响亦斷多通少，粮食來港，時有時無，港中物價，遂告飛漲。

大概在此數年來，本港之物價高漲程度為以前所無，白米以前一元數十斤者，是時，不得十斤，普通蔬菜有高至二三毫一斤而餘市市有价者，鮮魚更少，價高為廿倍于五十年前，衣料之價，亦高漲不已，在戰事第四年初，絨布之市價，竟適為未開戰前之兩倍。

港府於施行粮食統制條例，設粮食專員司管統制事宜，乃一面發展新界之農業，以及環島小嶼，如大澳，長洲等地，以為補救粮食，雖甚見功效，然有遠水不救近火之誚也。

內地人民來港既多，內地文化之遷移亦此為中心，其先上海既陷，滬上文人，多相率奔港于是展開本港文化之新史業報紙雜誌，刊物之出版與日俱增，對于社會普及教育，大收良效。

同時內地學校，亦紛紛遷來，大學如廣大，民大，嶺大等等均在港設立分址，開班授徒，而中學小學更無論矣，一時全港各處，大有五步一校十步一黌宮之勢。

學校來港，受賃甚昂，在此生活程度日高之香港人，多難遣童子弟入學，由是，原有之貧窮子弟遂流于失學而內地流入之難民更無求學機會，熱心人士，乃倡辦義學，此起彼和，大受社會之歡迎，于是義學校在港者，空前蓬勃。

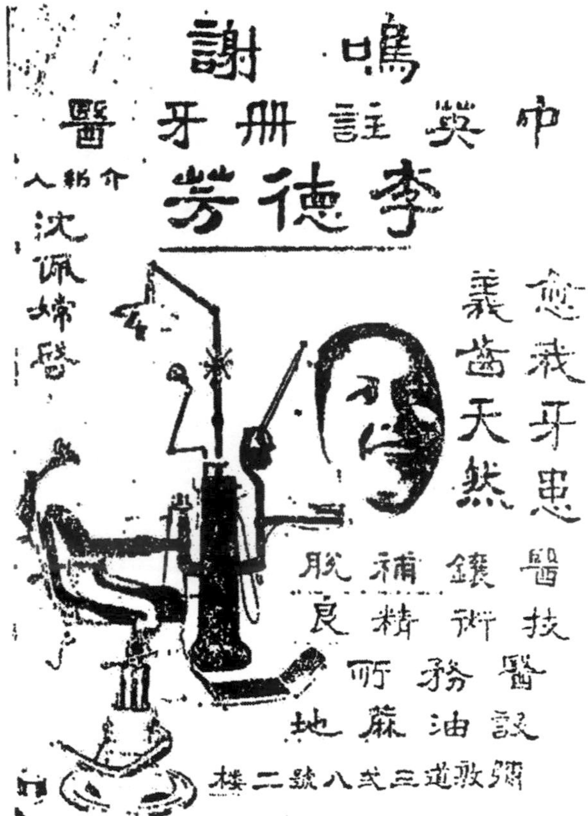

百年大事

香港開埠，今茲百年矣。當初之窮山闢壤，而今成為遠東之樞紐，國際之大市場矣。然其歷史，以香港之大，百年之遠，事物之繁，本難足述，茲篇所紀，僅以百年來之大事，建設之變遷，分期而簡述之，而為閱者百年來之歷史考據焉。

年期表

第一期	自香港歸英至一八五二年止
第二期	自一八五三年至一八六二年止
第三期	自一八六三年至一八七二年止
第四期	自一八七三年至一八八二年止
第五期	自一八八三年至一八九二年止
第六期	自一八九三年至一九零二年止
第七期	自一九零三年至一九一二年止
第八期	自一九一三年至一九二二年止
第九期	自一九二三年至一九三二年止
第十期	自一九三三年至現在止

第一期

香港歸英 一八四二年八月廿九日，南京條約簽訂，香港正式歸英所有。

大禮拜堂 香港有名建築物，當以聖約翰大禮拜堂為最早。該堂建於一八四二年其時正為南京條約簽定後，正式劃讓香港之年也。

宣佈無稅 一八四三年，英國政府宣佈香港為無稅口岸。

放棄香港 本港歸英後，因開闢困難，於一八四四年間，曾商議放棄本港，但卒未議成。

司法獨立 香港歸英之初，人民有犯罪者，皆由駐軍辦理，以軍法從事，因此時司法院尚未設立。至一八四四年冬，始正式成立法院，管理人民訴訟案件。

打更廢止 打更為我國風俗，以報告時刻者。一八四四年，輔政司布魯士下令禁止打更，蓋謂足以擾人清睡，打更制度遂廢。

建督憲府 一八四七年三月，督憲府開始鳩工建築，至今仍大部份保留本來面目，已歷五十七任總督矣。最近有馬加仙峽建新督府之議。

第二期

盜賊為患 香港前本為海盜居留之地，歸英後十餘年來，仍甚猖獗，居民苦之，後經政府剿滅，歷時數年，盜稍歛跡。

公衆花園　一八五三年，督憲府門前之山麓，復闢爲公衆花園，以供市民游樂。

港督被控　一八五八年，孖剌西報記者，鍾士抨擊著論該報，抨擊當任港督約翰保陵，謂其濫用總督職權，壓抑商人，而獨於渣甸公司，則予以方便，俾其得壟斷鴉場，以獵取□□□口之大利，因保督乃該公司之大股東云云，文旣刊出，保督乃依正當手續，控鍾氏於法庭，請治以干犯誹謗總督名譽，及侮慢政府兩罪，當由總檢察官安廸士代表政府，提出刑事公訴，是年四月十九日，首次公審，鍾氏延地氏大狀師，爲之辯護，正按察司曉吾，召集陪審員討論，一致承認被告爲有罪，鍾氏遂受處分，判徒刑六個月，兼罰英金一百磅，鍾氏遂入獄，期滿釋出，鍾氏又具狀於法院，以濫押無辜，侮辱公民爲詞，控告保督於法，向保督要求，賠償損失五千元，高等法院受理，擬定於是年十二月三十日開審，其時，總檢察官安廸士，因與布政司布烈治，及總登記官高爾和，以意見不睦，而開去本兼各職，改業狀師鍾氏延之，代表主控，而繼其缺者，則爲保督所委之狀師，格連，格連遂以署理總檢察官資格，代保督辯護，正按察司歸納意見，由陪審員一致取決，將罰被告應獲勝訴焉。

古大鐘樓　本港之建築物，前有所謂大鐘樓者，位於必打街口及后大道中之間，將必打街分而爲二，此樓爲全港居民簽捐，於一八六二年所建。樓上之時鐘，遂自德忌利士行，現該鐘樓遺跡經已無存。

第三期

滙豐銀行　一八六五年，滙豐銀行成立，以國際合作爲宗旨，由英商怡和仁記及德、美、波斯等國商人組織，首任總理爲法人。

古大會堂　一八六六年，起建此堂，工程達三年之久始完成，亦爲港人所簽建者，其內有大舞台，跳舞室及藏書樓，博物館等，備極宏壯。當初政府每年補助該堂經費一千二百元，門前之石像噴水池一座，乃本港商蘆英人約翰丹所贈出，久之水涸，祗得餘石像。七八年前，上海銀行港行，擬建築一所宏偉之行址，環顧銀行區內，尠有適合地點，而大會堂爲最宜。然該堂建築計一九二九年時已滿六十年，然例過六十年之建築物，必須拆卸重建；此時大會堂，政府無力負担，居民亦不易募集，乃決以讓於上海銀行。此六十餘年之古老大廈，再經三年之工程，蟬蛻爲上海銀行，仍居本港建築物之首位。銀行之右鄰，有保護兒童會，及私家汽車停車場之大曠地，亦爲該堂之故址，然已成爲陳跡。近五年來，到港之人，將不知有一大會堂矣。保護兒童會之內，除有者干社團外，土庫亦在焉，博物院之古物，即安藏其中矣。

東華醫院　本港東華醫院，創建於一八七二年，院址普仁街太平山四約，由第一任總理梁鶴巢等十三人所集資創建，貧民受惠不少，誠本港一最大之慈善機關也。

第四期

中環大火　某年長至節前後，中環發生大火，商店民房，被波及者，計三百餘戶，雖無傷及人命，然損失之鉅，實創百年來火災之最重。

最大刦案 緣有某庄者向營滙兌，肆於中環海旁，某日收得由法國滙來十三萬金元，詎爲新安强盜偵悉，竟於該夕九點鐘糾黨四五十人，先刦某過海小輪，乘之來港，並毀滅鄰近街燈，全體狙伏暗處。當時警方已聞線報即派大隊中英，印警赴該處截擊，到時靜寂，以爲未到，乃貿然前進，即爲所算，以致突受重創，傷亡甚夥。其時有某甲者，新自美洲歸，寓該庄之鄰，聞槍聲甚密，乍視之，見一狀似盜魁者，立于路傍，指揮羣徒刦掠，某即取其自衛槍擊之，彈貫其首，遂應聲倒地，餘黨以爲援軍已到，故即負其返船，鳴號展輪而逸。迨當局所派之英軍到時，盜踪已杳，事後庄主檢查各物，幸只失去千餘元，滙欵仍存夾萬，絕無損失。唯死傷遍地，血流成渠，成空前之浩刦。

火燒醮棚 某年夏曆七月中元節，港僑假西環天后廟前曠地爲道場，建四環盂蘭勝會。開壇之次夕，時將夜半，忽發生大火，幸游客多歸去，火起時，場中只有員役十數人，且地屬荒僻，遠離烟戶，故無傷人。唯風高物燥，瞬息之間，即已燎原，全場佛山扎作眞景盡成灰燼，估計所值，達萬餘元之鉅。

颶風爲害 一八七四年九月廿二日至廿三日之間，本港發生颶風。水上船隻，陸上屋宇，爲風所摧毀者，不知凡幾，誠爲當時之浩刦。

羅馬教堂 一八七六年，建羅馬教堂，位於花園道左，爲本港大禮拜堂之一，今猶存在。

設保良局 香港政府，鑒於被拐或無依之婦女，及未註冊之婦女等，無處安置，特於一八七八年成立保良局，以為收容，該局經費由僑胞募集，局址設於保良新街上。後政府以保良局地方狹少，不適於用，遂于一九三一年建新址於加路連山，翌年三月成立，由港督貝路親行開幕禮，今該局約可容婦女三千人。

更改暗渠

一八七八年，本港疫症流行，潔淨事務，未臻妥善。軒思詩總督乃詳稟英京理藩院，由英庭派員到港查覆，決心更改暗渠。其始先改上、中、下環，漸以山頂，繼而紅磡九龍、終而各小村，次第畢舉。

闢新公園

港中向只有公園一座，在干德山下，而地方偏少，點綴蕭疏，烟戶既增，不足以供港民之游樂，欲加展拓，則右枕高峯，左連水池，無擴充之可能。惟園之東北偶，有小阜一丘，縱橫三倍于公園，雖限於公路，不能混合而一，然各闢小門，以通來往，亦可快游人之觀覽。乃建為新公園。今港人多呼為大兵頭花園，舊園則名曰二兵頭花園。

立太平門

本港房屋，建築甚密，無騎樓之設，且樓與樓間，僅一梯相通，故一有意外，住客即甚狼狽，此時乃倡起太平門制度，兩屋隣接之牆，中闢一太平門，僅隔薄板，一有事時即破而成為出路，走往隣家，至今此種制度，仍存在弗廢。

堂號械鬥

吾粵舊習，社團有事於神，必醵資賽會，奉神出遊，少年子弟亦各適其適，以樂其樂。蓋性耽幽雅者，則整備管絃，隨隊而奏，其精神尚武者，則挾持武具隨衆表演，不圖竟釀成慘案。先是東莞僑民與四邑僑民於一八八零年同有求於神，主事者預為籌備迎神諸事，雙方青年，亦各糾黨號，招集同志，日夕練習舞獅技術。迨會事既完獅隊游街三日，以盡餘慶，所過之處，皆燃放炮竹歡迎，或高懸生菜中夾銀幣，俾舞獅者表演其採青技術。時烟花上乘，薈萃於水坑口，各皆表其迎迓之歡忱，故燕子樓頭，皆長紅垂曳及地叢綵飄颻於空中。獅羣以利之所在，視為目標，競誇捷足，以期先得，而端遂啓，鬥禍遂興，初定於中秋節日在水坑口械鬥以決雌雄，幸為當局所聞，派出武裝警察兩大隊，分路巡查，鬥事始息。惟冤仇已結，忿恨難消，遂易明鬥為暗鬥，悍徒負匕出游，聞言語有類仇方者，即飲以刃，如是者，無辜遇害多人，居民惶恐，行人戒懼，政府遂施行嚴厲手段，訪拿雙方領袖，驅逐出境，其事始滅云。

第五期

禁藏軍火

鬥案息後，政府訂立新例，查禁私藏軍火，如有嫌疑，可以入內搜查，而軍火二字包括甚廣，凡可以致人於死地者皆然，如係營業者，皆須有確據証明及登記方可收藏。

更換刑機

本港處決罪犯死刑者，皆以絞刑，絞刑之機，制自英國，每次得同時行刑數人。在一八五零年五月一日，在西環處決海盜六人，忽絞機失靈，囚犯不死，觀衆目覩囚犯宛轉呻吟，有驚至昏厥者。後一八八二年，乃更換新機七月五日啓用，初嘗者，為犯姦殺族妹之印度炮兵，本港之換刑具者當以此為首。

廢除肉刑

香港舊日有笞刑，凡華僑犯法，雖纖賭之輕微，亦袒背受笞，俗呼為打籐。□□□□□□，□□□□，□□□□□□□□□□。刑場在船政署前礦地，（即俗呼之十王殿）。受刑部份，多為背脊．□□□□□□□□□。迨燕制軍蒞任，以華洋當一視同仁，乃廢該刑，人皆頌其德。

建避風塘

一八八三年，於銅鑼灣建築避風塘，以利水上居民，走避颶風。

燕梳新例

保險業商人，以屋有太平門，遇有火災，易於燎原，稟請政府，諭飭業主，將太平門堵塞，定例局官紳、准如所請。惟以如是，則居民遇火，無所逃走，幷議建騎樓，俾逃事可攀過騎樓逃走，幷准加建三樓，遂為亡羊補牢計，以賤價買舊屋加樓後，求善價而沽，而是傑閣崇樓，觸目皆是矣。

戲院大火

荷李活道，有樂善戲院焉，前接水坑口，後連保良局，左育仁坊，而右磅巷。一八八三年夏曆歲除之夕，某菊部上箱，以備元旦開演，但搬移未及半，而燬稅回祿，全院化為灰燼。業主以該地近花叢，屋租昂貴，獲利且豐，遂將該地改建民房，即今荷理活道門牌一八零號至二二二號是也。

報紙註冊

一八八六年，港　頒發報紙註冊條例，凡香港報紙出版前，須向政　註冊，俟核准後，始得刊行復制定每報有一督印人，凡有關於涉訟事件，須由督印人負全責，當註冊時，全港華文報紙，不過五間而已。

□□□□

□□□□□□，□□□□，□□□□□□□□□．□□□□□□□□□□□□□，□□□□□□□□□□。□□□□□□□□□□□□□□．□□□□□□□□，□□□□□□□，□，□□□□。□□□□□，□□□□□，□□□□□，□□□□。

女皇大慶

一八八七年，英女皇域利亞六十壽辰，而其踐祚，恰符大衍之數，重慶齊舉，羣情極其熱烈，華民政務司駱檄君，特徵聯以誌盛，其聯文云「施五十載恩波，宇內臣民齊向化」。華僑亦循舊習，賽會游行，各社團認助音樂景物者，極其踴躍，舉凡沙灣，市橋之蹺色，佛山之秋色，大良潮連之魚燈，紗龍，以及各鄉著名之音樂團，皆應徵而來，興高采烈，而見稱當時者，尤為豬行之金龍，鮮魚之銀龍，沙籐行之翠龍，誠盛舉也。

火燒華洋

此次賽會，近村之紅男綠女，白叟黃童，乘興而來，及時行樂者，盈千盈萬。會散後五日，游客之候船歸去者，大不乏人。是夕華洋輪船，由港往省，男女附搭者，如蟻附膻，容足無地，舟師命開貨倉以款之。蓋該船為木質，體重之大，比諸今日之尖沙咀小輪，略勝一籌，向為海南貨船，近始改領客牌，往來省港，距是日才出伶仃洋，倉中忽爾起火，船上消防素乏講求，地近村僻，亦乏消防器具，海面雖有船艇，要皆士人捕魚之具，亦不解消防之工作，當時見有火山之火物，隨波逐浪而去。駛近察視，則火烈更揚，不可向邇，只遠遠游弋，見有投水鳧泳者，援之出險，然為數亦甚少。迨夜已過午，夜船自省抵港，傳來消息，當追急派船往援．至時該船僅餘燼熊熊，船中男女八百餘人，同歸於盡。

陸上大火

華陽船火災後，逾月，陸上亦大火二次，一

由方經若燒出大道中百步梳脚，商店民房，化爲灰燼者四十餘間。一在擺花街，燬屋廿餘間，多爲西洋人所居，論者咸謂天旱制水，開喉遲慢，蔓延迅速所致，遂提議改良水喉。

廢免街紙

華僑未領具「夜行通過証」（俗稱街紙者），晚行不得逾九點鐘，違者懲罰不貸，包制軍涖任，將該例取消。

苦力怠工

港中苦力，各以其籍貫分組派別，如福潮者，曰鶴佬，梅循者，曰客家，廣肇者曰本地是也。一千八百八十某年，本地上落貨物，咕喱因索增工值，聯同客籍咕喱，以怠工要挾，幷通勸車夫轎夫參加，行兇傷人，勢甚囂張。後經華民政務司，傳集工頭調處，幷恉汕頭英領事，募潮工百餘來港，派遣保護，下船工作，風潮始息。

渠爆地穿

某年季夏，大雨如注，三日始息，地下石渠爆裂，地面洞穿，康莊通衢，化爲坎窟者十餘處，交通爲之梗塞。後經查悉，渠中穢物堆積過多，潦水不能宣洩，致釀此禍，後經改良地渠。

□□□□

一八八某年，忽有人在太平山一帶，私設攤館多間，游人行經四方街等處，即有人呼曰，「發財請上去」，即以手指門戶，乃賭徒之招徠賭窟者，警差雖間有破獲，然開者自開，未嘗少息，無何女皇六旬萬壽，命厲地館派老練警員，回英京操。時任警廳者，爲梅制軍，警界遂多調動，幷廣募偵探線工，無何有線人報稱，各攤館由老撈家岑某經理，設總機關於東里某樓，其籌據則改收藏夾牆內。梅督即召集各環偵探躬親督帶，按址搜查，果得籌據，□□□，□□□□□□□」，□□□□□□，□□□□□□□□□□□□□□□。□□□□□。□□□□□，□□□□□□□□□□□□□□□□□□□□□□□□□□□。

火警新例

一八八七年，德付愈督特頒火警新例，凡起火發之家，必須到案訊問，詳究原委，以爲懲往未來之準備。

建設燈塔

一八八八年，中英當局會商，於本港之南，離四十英里處，設一燈塔，俾晚間海上各航輪便於入口。至一八九一年時始舉其事，航者便之。

山頂纜車

香港山頂區，當日汽車不能直達。一八八三年，港督批准設山頂纜車，一八八五年九月開工，一八八八年通車。

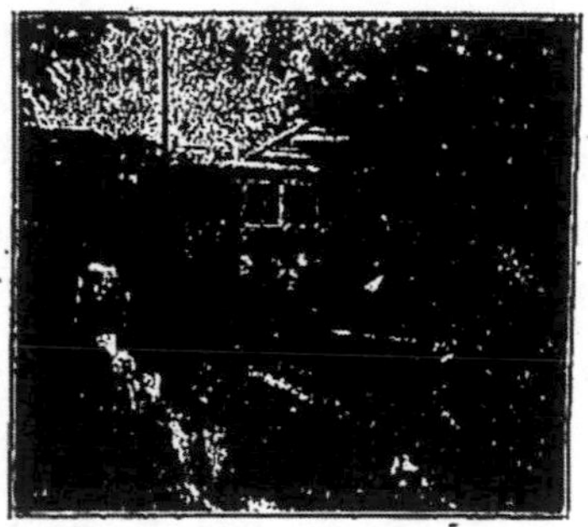

法院遷址

其初之法院，位於威靈頓街，衙門簡陋，迨至一八八四年，中環填海完成，遂建新址於今。

設立公校

本港政府，以文化日昌，特在西營盤，灣仔各設一校，以廣教育，即今之高等小學校也。

環港公路

女皇六旬大壽，各界捐款慶祝，餘存欵尚多，由官紳議決，就海濱展築公路，環繞全港，以利交通，幷藉留紀念。

中環街市

中環人口漸多，而街市狹隘，不適於用，政府特收回鐵行公司及鄰近商店地方，以擴充街市，經營結構，垂十年而成此偉觀，而其餘地，則建設域多利街等。

大潭篤塘

本港原有水池，只薄扶林水塘，與黃泥涌水塘二處，水量不足，則佐以香草山之廿四井水，及花園之弍鐵水缸。然水量仍弱，遂每環設公衆街喉一二處，每日限放水四小時，苦力之藉挑水以度活者，四五百人。嗣後政府查得大潭篤各山，水源宏偉，遂於一八八三年起興築大潭篤水塘，於一八八九年工竣，佔地計二十九畝，供城中居民之用，并諭各業主駁喉入屋，居民稱便。

皇仁改建

皇仁書院，原設在百步梯頂，然地方狹小，學位無多，求學者，常抱向偶，政府爲廣育人才起見，特收回九江巷民房，盡行拆毀，幷闢巷後小丘，衍建新校，學額倍增。至今年皇仁書院又有遷加路連山消息。

折毁疫屋

核症盛行，政府以最多疫症發現者，爲非榮巷，水池巷，善慶里，宜安里，美輪里，九如坊等街道，而各該房屋，亦淑隘當廛，不可久居，遂備價買受各街民房，拆爲平地。歷時千年，藉空氣以消滅疫菌，然後重建今之民房。

雅氏醫院

何啓大狀師，捐其亡妻雅麗士之遺產，在荷理活道買地建醫院，即以其亡妻之名，名曰雅麗士醫院。越三年，猶太商那打素，自設醫院於般含道，以留其名，後因辦理乏人，願歸附於雅麗士醫院，遂再定名曰利濟合院。

露天騎樓

閣倫街塌屋傷人，政府查得乃存屋加樓而不加倍牆壁者。遂定新例，凡加樓者，須將其牆倍厚，使其力足任重，且屋之高度不得逾本街之濶度，如不足度，則將頂樓縮短，以彌補之，而露天騎樓，此時發現。

宋皇台跡

一八九零年，本港總督卜力，應九龍居民之請，通過一保留宋皇台石之條例。傳宋末時，幼帝遭佘人壓迫，曾廛於此，斯台因以得名，現今台址無存，僅餘巨石三五，以供後人憑弔，吾人徘徊昔往，滄海桑田，誠有「閣中弟子今何在」之感也。

太子游埠

一八九零年三月卅一日，英皇太子偕其夫人由印度返英，順道游港。華僑紳商，設宴於高陞戲院，爲英太子洗塵。四月二日舉行之塡海典禮，英太子與焉，親爲下石，禮至隆重。

輪船被刧

一八九一年，南澳輪船由港啓行，不過五十英里，被强盜數十人洗刧，事後省港兩方，嚴密通緝，始獲盜數人，正法於九龍城附近。

第六期

癘疫盛行

一八九四年，疫疾盛行，自雲南蔓延至北海地帶廣州，再傳至香港。五月十日香港宣佈爲疫埠，是時死亡散佈極速，最高度遂每日死一百人。當局預防極力，頒佈新例，政府有權派人入屋調查，幷下令每屋俱須塗灑白色灰水及爆硫磺，另設立特別醫院，臨時收容病人，由駐港陸海軍醫官出而協助，時有隊兵三百人加入工作，另其他海陸軍人，亦多互相加入，故本港當時海陸軍人，因參加防疫工作而以身殉者，計有維斯隊長等數人。因此當局乃下令所有太平山上之居民，一律遷徙，希望將此山改善，而為一極合於衛生之住宅區。計是疫蔓延最速之日為六月七日，是日死者共一百零七人，新染者六十九人。自是而後，經政府與人民合作，極力撲滅病菌，至九月三日，政府所頒疫病條例，已明令取消。統計是役死亡人數為二千五百四十七人，香港商業因之大受打擊，居民逃避一空，人口統計是年實減八萬人，即平日最繁盛之皇后大道，亦行人寥寥耳，舉目荒涼，得未曾有。

增建鼠箱 年前本港發生大瘟疫，醫者驗出為由鼠所傳，港府乃出資收買老鼠，凡送死鼠往衛生處者每隻給予港幣五仙，後有人竟在澳門方面買入大批死老鼠來港送往衛生處，而為利，後為政府查出，認為與政府獎勵殲防老鼠之意義相違背，乃下令撤消，改在橫街電燈杉上沿掛老鼠箱，由居民將鼠抛進箱內，從此，香港始有老鼠箱之設備。

東華義庄 華人成慣俗，每將其先人之棺柩停致于義庄，以待山地選擇後，始落葬。其時東華醫院，成立已廿餘年，基礎漸固，以義庄應有附設，俾利便居民，遂呈請政府，撥出大口澇一帶荒地，為作庄址，經董事諸公慘淡經營，才有今日之完備，回溯其庄之設立，已四十餘年矣。

屋內露天 自疫症發現後，潔淨新例，繼續頒新，至是有屋內露天，以空氣光者。定議屋無新舊，須騰出地方四份之一，折御上蓋，以露天風。

預杜疫菌 凡各屋宇，無論新舊，須以膠泥石子敷地並尺，俾壓疫菌上升，而廚內各牆亦敷以膠泥，以杜疫菌延長。

淘汰戲院 同慶戲院，乃香港之舊式建築物也，坐落太平山麓，初為維惠兩之物業，羅死，售與何啓大狀師，改名重慶，後售與周東生，又改歸何鑾樞管業，時屋價方漲，利有可圖，遂從新計劃，將戲院全行折毀，改建民房。

禁止觀刑 香港罪犯之執行死刑時，前任人民參觀，所謂示以儆惕。然英庭以公開行刑，既失觀瞻，尤不人道，乃於一八九五年正式取消公開制度矣。

大旱之年 一九零一年，本港因雨量稀少，水塘旱涸時期，延長至翌年五月，居民感於食水缺乏，多漸離去，此為香港有史以來，所感受旱荒之始，其後政府代表本港居民，向英廷要求請允許設法增加貯水量，英廷許之。因是港政府是年對於防衛旱荒之建設，遂耗去公帑二百餘萬。

公立醫局 港中華僑日衆，已倍蓰于前，而醫院僅得三家，（國家醫院，東華醫院，雅麗士醫院），以致貧民有病，醫藥難求，於是創設街坊公立醫局，聘請醫生贈醫施藥。始則就四環分地開設，就地籌欵，因陋就簡，賃民房為之，繼則推廣及於僻壤，并附設有產科者。

建設電燈 港中向來只有煤氣燈，夜行者皆感不便，由是電力公司成立，萬家燈火齊放光明，人皆稱便。

禁賭新例

港中向雖禁賭，而私賭仍多，每年春季賽馬塲上，雜賭紛陳，興高采烈。至是禁賭新例執行嚴厲施行，賭風頓清，而香檳馬票，乘時勃興，風行當世。

劃分新界

中國總稅務司赫德，以中國每年徵稅之鴉片煙，□□□□□□□□□□。查有奸商，假道港澳偷運入內地所致。遂與港葡二使訂立協緝鴉片條約，約成，將澳門改租借爲割讓以酬葡，而設拱北關於馬騮洲，以搜緝澳門船貨，割新界以酬英，而設九龍關於大剷，以我緝香港船貨。一九零零年，新界劃定，遂增設機關，派員治理。

建女皇像

一八九五年五月十八日，維多利亞女皇銅像，建立於上海銀行對開之曠地，像傍夾道，環植櫻花，春季之月，落英如錦，與北傍之建築物，適相映襯，蔚爲本港一最美麗之所在，後又建英帝及其后，康樂王及其妃四像，侍立前後左右。

卜力碼頭

一九零零年，十二月廿九日，卜力碼頭落成，蓋所紀念前督卜力者。

庇理女校

皇仁書院新校落成，遷移後，舊有校地荒廢，有就其地設厠所者，聞者惜之，後由猶太富商庇理羅士獨自捐資，交由政府改良校舍，改爲女校，始只漢文二班，繼設英文，今且改爲女子中學矣。

廣華醫院

油麻地居民，以地方荒僻，貧民患病，無地醫理，遂由富商提議，捐建廣華醫院，規模悉仿東華醫院，今且併合爲一矣。

建麥督像

麥當奴之任港督也，政尚蘇惠，助成東華醫院，華僑德之，聯禀政府批准，將麥督遺像，鑄銅立於新公園中，以留永念。

改良地渠

前因大雨時作，街渠甚致爆裂，於是籌劃改良，於渠口埋沙缸，俾穢物聚積，易於清理。詎蚊虫滋生，穢氣熏蒸，居民嘖有煩言，遂議改良，以工艱費巨，久而未決，後有人獻議，用膠泥填淺沙缸，使積穢不多，加建鐵蓋，使穢氣不外溢，而成今日街渠之狀矣。

中環填海

人口日衆，漸有地狹人稠之概，遂議定中環填海計劃，由打波地迤西而成康樂道，德付道二街焉。

荷李活道

荷理活道西隅，有荒地一丘，俗人呼爲大笪地，乃華人游樂塲也。初燕制軍任港督時，以華僑向無團結地點，遇有公衆會議，則假座東華醫院，於例不合，遂撥該地與東華醫院總理議建一華人會所，因費鉅難籌，遷延未果，燕督去任，遂改建華人游樂塲，紳商遂僱工人剪荆榛，平波坎，以爲能事已畢，華民政務司，屢催建設，仍置若罔聞，駱司遂稟明上峯，收回官辦，將地劃分五區，第一區建公衆厠所，旁并烟攤數檔，第二區設市廛十餘間，以備小本商販營業，第三區亦然，第四區有小木亭數座，乃垂簾賣卜處，第五區地屬中央，有大板廠，爲販賣之所，小板廠一所，則爲說書所在也，各區均植大樹，樹下長椅橫陳，以備游人小憇，聞有人譏其建設古朴，議從新改建云。

取締間架

當疫症盛行時，稽查屋宇，方知貧人所居，

床上架床，屋上架屋，衞不通風，黑不見掌，遂立新例，毀拆手閣，檐架床，丈量屋內，限定住居人數，房間則限八丁方尺，貧民苦之。

第七期

九廣通車 一九零三年，九廣鐵路完成，正式通車，從此省港又多一捷徑矣。

高級法院 一九零三年，中環填海完成，本港高級法院，於皇后像側舉行奠基禮，迄至一九一二年完成。

上環街市 一九零六年，上環街市開業，上環市民稱便，耷延衆費逹數十萬元之巨。

颶風爲災 一九零六年，可稱爲本港有史以來，最可紀念之年。是年九月廿八日，本港忽發生大颶風，來勢極速，迨天文台發出報風警號時，海陸雙方均未及準備，計颶風吹過香港不過二小時，事後調查，陸海人口損失逾萬人，財物損失亦逾數百萬元。據船政署統計是役海面損失船隻，計沉沒大船六十四艘，，舢艇六百五十二艘拖船五十四艘，小輪七十艘，其他舢舨小艇等之損失，數尚未詳，而荷亞主敎亦於是役死焉，此即一般人所嘗道之香港八月初一之風災也。（懸厯）

商船失火 同年十月十四日，商船漢口號，於未啓碇前在堤畔發生火警。起火後，火勢猛烈，是役華人搭客死難者，達百人，乃多半死於起火後，倉惶跳下海中溺斃者。

少年刺客 梅督任輔政司時，請假回鄉，迨假滿擢升港督，遂附輪回港履新。抵步由鼻家碼頭登岸，方出遮打道，忽聞槍聲二响，有一彈墜於梅督橋旁，衞兵捕獲一少年，自承行刺不諱，解由法院審判，監禁終年。惟每逍恩典梅督則將其罪名減等，及梅督任滿離港，贈以川資十元，釋之回籍，人皆稱梅督之大量。

報紙新例 一九零七年，本港華民政務司以中國日報經售之民報特刊「天討」，內附有淸帝破頭畫押認爲違例，將之沒收，八月香港議政局遂因此增訂一法例，禁止報章刊載煽惑友邦之文字，圖畫，此即本港華文報紙受港府取締條例之嚆矢也。

電車開行 香港交通，向來只有人力車，馬車，及山頂車而已，至是電車建設完成，各線開行，居民往返甚便。

電話成立 香港之有電話者，由此時發現，爲呼口式，當時用戶不廣，只有一千數百具矣。

議設旁喉 連年天旱制水，居民苦之，乃議建旁喉。

歐戰醫院 一九零七年，本港山頂歐戰醫院，舉行開幕禮。

商船覆沒 一九零八年七月廿七夜，本港又遇颶風，幸天文報警尚早，故海面損失遠不及上次之大，事後調查，陸上建築物之被摧毀者較海上爲多，最不幸者，爲商船安慶號，遇風覆沒，全船搭客死難者，達四百二十四人，誠亦慘事也。

報館停版 一九一零年，某西報排字華工，因與西洋工頭衝突，遂同印務五行，聯合息工，於是漢文各報，被牽入漩渦者，停版約三星期之久。

劃一金融 香港金融，向來公開，無論何國何埠之金銀銅幣，俱流通市面。迨一九一二年，始實行劃一金融，市上行用，只香港制幣，其如外國外埠之幣，只可由銀業行兌換，方可使用，如擅用以買賣交易，查出則懲罰不貸。

電車風潮 電車因錢銀細故，發生爭端，民衆實行杯葛主義，見有搭客，即多方凌辱，行人繞道以避，輿情惴惴，紳商調處，浹旬始息。

去思彌永 港督卜力制軍，下車伊始，能痛民間疾苦，如潔淨衛生則例，不滿民意，於是酌量改善，前時每年洗屋六次，掃灰水四次者，改爲洗屋二次，掃灰水一次，居民德之，故於其去後，立其銅像於卜公碼頭，以留紀念，而去思彌永，越數年，後在水池巷餘地，開卜公花園俾永留樾蔭，而頌甘棠焉。

改建風塘 年前風災，覆舟數百，人咎於避風塘之僻遠，遂擇地油蔴地海灣，改建避風塘。（即旺角避風塘）

水厠浴房 潔淨局將就貧民麕集之區，分建男女浴房，水厠，以重公衆衛生。

復太平門 中環某紙料店失火，樓上某姓一家六口，聚立梯口，相抱而死，論者歸咎於堵塞太平門。華民政務司浦魯賢關心民衆，提議規復太平門，惟因燕梳新例，關係難籌兩善，後有人献議，就廚後建小街，通連數屋，各設小門，以爲關防，遇火則蔓延甚難，逃走較易，如議立例，惟行之期年，即同具文，至今猶存此模型者，僅西營盤第四街，上環太平街有小部份焉。

影畫戲院 本港之有影畫戲院，始由呂宋人域多利，西洋人奄派，租賃吉舖試辦。後觀者日衆，獲利頗豐，二人遂就新塡地，承地分建二院，各自營業，則皆客如雲來。西洋人比照，設新院以競爭，而鼎三分，仍無遜色，華人知爲生財大道，尤而效之，月興日盛，奄域二人，心滿意足，遂持急流勇退主義，變賣院址，捆載榮歸，而港中影片事業仍方興未艾也。

妙齡醫院 伍庭芳夫人何妙齡，捐資建醫院於靑草山下，以留名紀念。

雅璞式屋 衛生屋宇新例，凡新建屋宇，須旁有餘地，以通風光，於是各業主因地制宜，有甲乙丙三屋，乙屋不建樓，俾甲丙式屋多開橫窗，以通風光者，有乙屋只建半截，俾餘半截露天，以舒新鮮空氣於三層，然游客遠望見之，幾擬為古城雉堞也，惟此例行未久，即成具文，故此式屋只西環及灣仔尚有少數存耳。

第八期

華人石碑 一九一四年歐洲大戰起，香港為英國屬地，亦起對同盟國宣戰，港中居民，捐輸異常熱烈，英籍人士，勵員返國參戰，富商多人捐助戰費而外，并捐出小輪，或產物或飛機等，即我華人，以友邦情誼，捐助甚為熱烈。是年，英在港招募工人返英參戰，僑胞見義勇為，一時報名參加者，達千餘人，豐功偉績，不可湮沒，戰事結束後，港府即在兵頭花園，建華人紀念碑，與皇后像前歐戰紀念碑，遙遙相對，以留萬世景仰，年年和平紀念日，全港中西官紳商各界，聯合前往致敬。

馬塲火警 一九一七年二月，本港賽馬塲，因春季賽馬，往觀者達萬人，其看台全為蓬葵所搭架，因煮茶遺下火種，忽風燃燒，全台塌下，傷斃人命數千，為本港開埠以來，火災最烈之一頁。

地震現毛 一九一八年夏曆元旦後一日，時方過午，地忽大震，墻壁搖搖欲墜，窗櫺則格格有聲，幸瞬息即止，人物無傷，惟地震後，牆腳渠邊泥土中，有毛出現，好事者，詳細檢視，則形如豬毛色則或黑或白，長約寸許，短者三五分，嗅之微腥，向距離較遠之地方，撥土視之，亦有同樣之發現，惟皆零星散佈，未有一集成叢者，越三日，撥土檢視，則已形影全無，亦云奇矣。

貧民搶米 近卅年來，百物騰貴，繼長增高，而以一九一八年夏季為最，蓋柴米與日俱長，至其貴時，每銀一元，僅易米六斤，易柴只二十餘斤而已。灣仔貧民竟擁入米店搶米，雖大隊警差巡查，不致再滋事端，然人心惶惶，大有朝不保夕之勢，政府委員調查各行號所存米石，備價承買，分發各店平糶，并電星加波、山打根運柴來港接濟。華商亦分電越南，暹羅辦米來港，數日物價漸平，人心漸安，而政府庫帑，已耗去百餘萬矣。

航業風潮 港中航海者，因工值問題，發生風潮，不止同業，各行聯同怠工，繼而苦力，煤炭及各工團，皆隨聲附和，一體休業，閭閻騷然，數月始息，從此工潮大張，工團紛起，備極一時之盛。

禁止畜婢 華僑好買婢女，以供使喚，但待之實如畜生，雖虐婢有禁，究未能禁絕此風。至是訂立新例，嗣後不得買賣婢女，如以前買下者，或交還其父母，或報由華民政務司註冊存案，隨時稽查，及期遣嫁，而華人基督徒特組反對畜婢會，以助政府行該例。

船政遷署 船政司，因地狹不敷辦工，稟明上峯，就中環新填地，營建新署，遷往辦公，舊署則撥歸上市擴張檯位。

添建上市 上市雖得船政署舊署地方，但仍覺不敷，遂就海傍，營建新市廛一所，以便牲販貿易。

推山塞海 中環填海工竣，屋宇聚增，惟仍感地狹人稠，遂議實行塡東海，其計劃先推平馬理信山，將其泥石伸塡海傍，今大工已成，新增屋宇千百間矣。

建屋讓地 凡新建屋宇，門前須讓地若干尺，以廣街道，而利交通，屋之旁通曲徑者，亦然，屋後亦讓地少許，闢爲火巷，以免池魚之殃。業主以喪地旣多，遂謀利收桑榆，改建膠泥石子之牆，良以磚牆佔地較多，若此則可與牆爭地，少資彌補矣。

增建高樓 以膠泥石子建造屋宇，力能任重，可加高樓，故大道新屋，有樓高九層者，具有凌霄摘星之槪。

古游樂園 社會羣衆，習於娛樂，各園主人，或將其私家花園，修改公衆游樂塲，如李園，愉園，樟園，名園是也。旣而各大公司，則將其天台公開，作爲游樂塲，游人貪近而棄遠，各園受此影响，頓成冷落。主人以無利可圖，翻然變計，李園，樟園皆改建屋宇，愉園則租與西醫，改爲養和院，其碩果僅存者，僅名園而已。

□□□□ □□□□□□□□□□，□□□□□□□·□□□□□□□□□□□□□□，□□□□□□□□，□□□□□·□□□□□□□□□□□□□□□□□□□□，□□□□□□，□□□□。

□□□□ □□□□□□□□□□，□□□□□□□□□□□，□□□□□□□□，□□□□□□，□□□□□□□□□□□□□□□□□□□□□·□□□□□□，□□□□，□□□□，□□□□□□□，□□□□□□□，□□□□□□□□□□□□□□□□□□，□□□□□□□□，□□□□□□□□。

恢復繁榮 一九二六年，風潮平息後，金文泰機任爲本港總督。下車伊始，以本港之繁榮，急待恢復，遂呈准理藩院，由政府準備現金三百萬鎊，以待商人借用，，俾作重展故業之費，由是商民得一復甦機會，前後向政府借出欵，總計一百八十萬鎊云。

酒店被焚 一九二六年，香港大酒店忽發生火警，焚燒及半，保羅爵士亦於此受難焉。

第九期

省港復交 一九一八年，金文總督以粵港交誼須作進一步之聯絡，是年三月遂正式由香港至廣州，向中國當局訪問，其時廣東省政府主席李濟深氏，亦曾一度乘飛鷹艦來港報聘，由是省港軍政領袖，握手言歡，是謂省港復交時代。

半島酒店 一九二三年十二月，九龍半島酒店開業，雄峙尖沙咀畔，爲九龍半島建築物之絕宏壯者，其後本港告羅士打行，何東行，娛樂行等，亦相繼開幕。

妓傭註册 一九二九年，政府訂立新例，凡妓院婦傭，須影相註册。

實行禁妓 港中禁妓之議，發現多次，惟一九三零年實行，西人妓院限半年結束，華人妓院限三年結束。

再遇旱荒 一九三零年香港再遇旱荒，制水施行第七級，德付道沿海岸一帶，遍建臨時大池，居民取水者，堵塞途中，實爲歷年來所罕見。

傾屋慘劇 卜公園側，寶慶坊，建設美麗，乃富戶所居，地位後枕青山，將就山陂築有基壆，以壯衛房屋，距一九二三年，大雨時作，潦水冲刷山泥，基石裂璺，塌中屋宇所壓復者，幾佔半數，時方清晨，富戶好夢正酣，有覆巢之下無全卵者，有存同碩果者，損失甚大。

滙豐大厦 一九三一年，滙豐銀行大厦落成，居本港建築物之第一座，備極壯觀。

新屋完美 新建之屋，俱棄磚泥而用膠泥石子，且屋內有水厠，冷熱水喉，其建設之完備，以視初期民房，眞有天淵之別矣。

取銷旁喉 一九三二年，政府決議取銷旁喉，添置水錶。

電話公司 電話于年前，尙操于日本電話電氣公司。至一九二五年，香港電話有限公司成立，由香港政府批准專利，一九三一年增設省港長途電話，於是省港交通，又更爲利便矣。

啟德機場 在九龍城之海隅，有地曰啓德濱，原爲海濱，再塡瀾之，建爲啓德機塲。查此機塲之開闢，回顧又十五年歷史矣。

營建公署 就中環街市，相對處之海地，營建公署，遷華政務司，教育司，潔淨局，海關等於樓上，消防局則移樓下。

東華東院 灣仔居民，因憫貧病之人，難求醫藥，遂創設衆善醫所，贈醫施藥，辦理數年，卓著成效，因欲擴充之，設所留醫，以廣善緣，因而歸附東華醫院，稟經政府，撥給咖啡園之地，從新建設，名曰東華醫院。

改良西市 西營盤街市，迭議改造而未果，年前有小部份，因年久失修而坍塌，遂乘機改建，全部而成今日之偉觀。

初等小學 灣仔公立學校，經定為高等小學，後又在理信山峽，建設一校，教授初等小學課程，而聯成一氣。

改建水塘 本港各水塘，所瀦之水，不足以供城中居人之用。後查得新界城門口，水源豐富，議就地設塘，貯瀦各山之水，由海底鐵喉運港應用。

戲院改建 自利舞台建設，悉仿滬上大舞台，其堂皇美麗，見稱於社會。高陞，太平二戲院，相形見拙，日漸冷落，深恐優勝劣敗，難逃天演公理，於是毀折舊院，從新改建，今已次第落成，美奐美輪，為群衆所稱許。

利園成立 燈籠洲墟附近，有小阜焉，狀類鵝頸，舊名鵝頸岡，緣地脈發自飛鵝嶺，伏為鵝頸涌，起而結局於此，故得此名。迨渣甸公司批承燈籠洲地，平鵝頸以營避暑樓台，改名渣甸山，而鵝頸岡之名稱，則湮沒無聞，後由利希慎備價買受，闢為利園，山下各地，建屋宇，成為數街，曰波斯富街，利園街，利園新街等。

第十期

禁妓期滿 一九三三年，香港禁妓期限已滿，港中各妓院，同時結束，一般尋芳者，只有另途於私娼方面，於是私娼又形成蓬勃。但政府此時又施行取締私娼之法令，但禁者自禁，私娼始終仍盛，最近三弍年來，本港發現嚮導社，為傳自上海者社員為女性，備客伴游，此亦港中風光之一大變遷也。

建中市 政府以中市日久，且失去現代化之建設，遂決，建築新型街市，於一九三九年完成，為本港建築物增光不少。上環街市亦于一九四零年改建完成，十王殿改建公廁亦同工始。

銀禧大典 一九三五年，英皇銀禧加冕大典，本港舉行出會巡祝，各處到港觀會者，首數十萬人，誠一時之熱鬧也。

住客聯會 遠東戰事爆發，港中居民，突增數十萬，民房有求過于供之勢，住客為嚴防業主過逾加租起見，重新組織港九住客聯合維持會，以保障居民利益。

報紙停版 一九三九年，本港排字工人，因請求資方加薪減工，遂發生罷工風潮，報紙停版計一星期之久，後始平息。

日機誤炸 中日戰事，蔓延華南，新界毗連華界，遂發生日機誤投炸彈，及軍隊越境之事凡數次，後經英日雙方諒解，始無繼續意外發生。

緊急法令 一九三九年九月一日，歐戰爆發，本港為嚴防敵人間諜起見，特施行緊急法令，宣佈各戒嚴區域，及隨時檢查嫌疑人民，香港至入於戰時狀態矣

自衛團立 年來因戰事影響，逃難來港之人復雜，又因生活日高，難以為生，盜匪猖獗，乃議設自衛團，協助軍警，旋又停辦，重新組織「保衛團」。

入口新例 一九三九年，香港政府為防範治安起見，特頒行凡人入境須携備港幣廿元，方准入口之例，否則送回原籍。

洋樓別墅 本港自中日戰事發生後，各地富有華人，相繼來港，以香港作安樂窩，營建新式洋樓，宮式別墅，於各山嶺海灣，而形成本港更覺繁榮，查最近之調查，本港百萬元之私人別墅，不下千數百座，數十萬元之洋樓大廈，已亦不計其數矣。

交通巨獻 年來香港對外交通，日呈進化：各線輪艘皆增加，航空郵訊，尤有長足進步，一月美國巨型波音機作處女航來港，成績殊為滿意。至八月港菲港渝無線電通話，由港督羅富國親為主持，與渝方最高當局及菲方總統奎松互相致禮，極為隆重，通話成績，十分優美。

八難民營 中日戰時發生，各地難民，投來港者，露宿發風，劇堪人憐，政府乃設難民營收容，其始專為救濟新界之難民，在錦田成立一營，其後擴充為八營，即錦田、馬頭涌、北角，京士柏，摩理臣山，文錦渡，粉嶺，荔枝角等。

其間本港華南賑濟聯會，在深圳亦設辦一難民營，但日軍再陷圳時，即告停辦，全港難民乃卒歸港政府指導下之緊急難民會管理，難民營之設再進一步，港府又在渣甸山，大坑等處，建貧民區，收容貧民，始人口日增，貧難之往：救不勝救：港府又計劃設移民局，將來調節港中人口。

邊境封鎖 中日戰事時期，日軍陷入深圳，迭次封鎖邊界交通，至一九四零年七月滇緬協定成立時，港日又成立協定，禁運軍用物品出境，日軍之封鎖同時又進一步，海上交通在三年來已遭華南日艦之封鎖，□□□□□，□□□□□□□□□。□□□□□：□□□□□□□□□□□□□□，□□□□□□□□□。

□□□□□□□□□，□□□□□□□□□□□□□□□□
□□□，□□□□□□，□□□□，□□□□□□□□□□。

防空設施 世界風雲緊急，本港即設防空設備處，訓練防空人員，舉行種種防空演習，燈火管制大規模者，亦舉行多次，一九四零年防空人員訓練完成，實行動員服務，并在各區掘防空隧道，借用宏偉樓宇作避彈室，大規模之防空總部，亦在同年落成，爲遠東獨有之規模建設。

徵所得稅 歐戰發生後，港府一方面雖增加本港戰時經費，一方面又須對英廷納獻戰費義務，立法局有倡議征所得稅以裕庫收，全港中西人士，加以反對，乃改議徵戰時稅，分（一）營業溢利稅，（二）產業稅，（三）入息稅，（四）公司稅，等四種，徵收進行，甚爲順利。

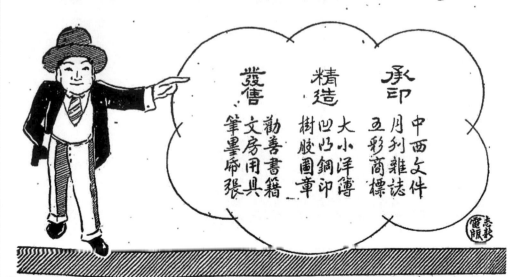

地物誌

棧道

遙望香爐峯，山光明媚當中，有一綫白痕，橫亘山頂稍下處，自西徂東，長約二三里，此綫痕實爲一馬路，名棧道也，棧道起源於川滇，以鐵索與木架，構成一吊橋式之小路，依於沿崖之側，今香港所有者，其義仿此，特建設已現代化，爲三合土之建築物耳，長橋臥波，複道行空，可爲此寫照也，凡喜爲山遊之居民，多嘗登高流覽，自必跨過此兩大棧道，其一曰寶雲道，一曰盧吉道，寶雲道西起公園前，迤邐而東，迂迴曲折，而達於銅鑼灣頭，此路海拔約三百五十英尺，每當颰過山谷岩壑時，即築石園供以支持之，爲數頗多，邊緣繞以美術欄杆，亦安全與壯麗也，港人稱之爲姻緣路，每當夏夜，青年情侶，把臂緩步其間，深宵不絕，沿路風景宜人，有百尋飛瀑之勝，志在遊覽者，以黃昏前爲宜，此路建立已將六十年，歷歲加以修築，故亦隨時代而躍進也，盧吉道較短，建於一九零二年，東起纜車山頂站側，而至於扯旗山頂，其高度，約四倍於寶雲道，達一千三百英尺，沿路皆以鋼根水泥爲支柱，憑空架設太平山間，吾人在對海所見之長虹，即盧吉道也，政府爲路基之久固，與行人之安全計，兩路均不通汽車，吾人欲前往觀光，則乘山頂纜車轉達，東可往寶雲道，西可往盧吉道，還欄極目，則衆峯屏列之九龍山脈，盡入眼底，與俯瞰維多利亞海，殆如一綫碧波，道旁多杜鵑花與玫瑰花，姹紫嫣紅，如踏青佳節之最理想地帶也。

紅白屋

香港飲料，爲蓄自雨水及山水，於山間築一大水塘，以資儲蓄，先是，建水塘工程，異常艱巨，蓋建在山上，不比平地上也，其承接此項工程之西商，皆先後失敗而虧折，遂致中間停頓，時有鄧源昌者，爲打石工人，傭於某建築公司，彼昆季行序第六，人以打石六稱之，彼雖未嘗學問，第深能悟出建築之工程力學，以爲築建壩於山間，形勢旣斜傾，自不能如平地之架疊，否則必前後擘裂，功敗垂成，故西商之失敗，其原因在此，特西人工程師，對此亦不注意，彼遂側重此點，而加以研究，認爲石塊不能用方形，須爲S形，兩石塊相御接，則彼此互相牽引，可不致蹈從前擘裂之覆轍矣，乃以此理獻議於政府，得蒙採納，且委其包辦此項工程，鄧無資本，由政府支付之，而許鄧抽取白份五之佣金，卒告功成，亦由此而大有積蓄，以後，政府如有築馬路旁之石水渠工程，皆歸其承接，以酬其功，於是打石六一躍而爲建築界權威巨子矣，此六七十年事也，是時香港人口不多，上環西環一帶，遂盡屬荒地，鄧以每方尺一仙之價，向政府圈得大部份，而在期限內，建築樓宇，及後土地價漲，鄧所獲益不貲，猶有無窮利者，則當時大馬路已濱海，以後填海之地方，亦歸海傍之地主所有也，鄧性慈祥，其所屬之樓宇，在遺囑內註明，永遠不得加租，至今猶有每層樓月租十餘元者，死時，住客多往執紼，其感人深矣，祠居一在荷理活道，此乃專造紅事者，一在灣仔英京酒家對面，專爲造白事者，其形爲舊式，圖則存英倫理藩院，永遠不得更改也。

青山

青山昔名屯門山，又作杯度山，英文則為炮台山，皆各有根據，相傳西曆五百年間，距今一千四百餘年矣，杯度法師曾卓錫於此，故後人以杯渡山紀念之，山高一千九百英呎，其頂巨石天然堆砌，平面而削絕，四週作方形，遠望彷如一炮壘，故西人以炮台稱之，有十五路巴士，從油蔴地碼頭起，經青山道，過荃灣而達，再直通元朗，沿海濱曲折行東，一時又四十五分乃達，下落乘小舟，渡過青山灣，便抵青山麓矣，沿途所見，則私家游泳棚遍海隅，凡百數十座，皆富人夏日到泳者，青山之麓為一小村落，去年重陽前數日，悉燬於火，登山有石徑，兩旁松夾道，幾經轉抹，始到青山禪院，院位於山之隱處，非在麓可能望見也，乃某名流嘗題聯云，「十里松杉藏古寺，百里雲水繞青山」，為寫實之佳作，禪院之設，據傳已有千餘年，其後屢加修築，今院址故廿餘年重建者，多名題詞，前港督金文泰，亦有中文題聯額各一，字道逸，句古雅，非深事修發不能，閱千年前古廟之遺物，有兩斷石柱，然失去已五十年，杯渡殿內，有杯渡法師石刻坐像，為五代時所雕，即西曆九百五十四年間之作，像高不逾三尺，頗古朴也，山頂上刻有韓愈所書之「高山第一」四字，退之南謫時，嘗小住於此，僧人摹其字，再刻杯渡上巖甚焉，每當假日，遊客盛。

跑馬地

全港島最平坦與最廣濶之地方，當推跑馬地，其名稱，除作跑馬地外尚有作愉園與快活谷者，實三而一耳，此地本為禮頓山

之一山谷，昔為池沼地帶，其後既加以建設，乃築溝以引山水，(即現在繞過跑馬地之黃泥涌，水漲時可沒脛)，採山坭以填平低地，新型建築物，三十年來，次第出現，今已為高等人家之住宅區，祇山頭之黃泥涌村，尚有貧民寮點綴而已，跑馬場位於谷之中央，佔曠之半部，黃泥涌道，繞之一匝，電車與巴士循環行駛，為當地重要建築物之一之馬會，鐘樓高聳，場之西邊，小山連綿，今回教耶穌等墳場，跑馬地之形狀，彷如一只右足板，南北狹長，南端圓小如脚踭，北端較廣，如五趾騈張，其酷肖也，繞場之四週，有一煤屑跑道，所以為人馬練跑者，若以撥個曠場論，又形似一弓，東邊之泥涌道，挺直如弓弦，西邊圍拱如弓背，近鵝頸一處，俗稱打波地，有滾球場，網球場，西邊一隅，則為香港會足球場，為全港足球場之最狹小者，蓋限於地勢也。

爛頭島

此島在港香之正西面，在新界之西南面，其東北隅，一角銳出，與新界相距約里許中間為馬灣島，形成一海峽，此處即香港西方門戶之急，(一作汲)水門也，往昔為船泊所必經，此為全港第一大島嶼，面積六十餘英方里，兩倍於港島有奇，居民不過五六千，十九以漁農為業，頗有世外桃源之概，中有一座炮台，乃荷蘭人所建，蓋二三百年前，荷人來華貿易，在冬令時，船舶常駛泊島濱，將船拖上修理，為防海盜襲擊故，乃於島之西南隅，築一炮台，以資保護，今殘跡尚存，沿島四週山勢峭挺，故除沙灘外，少有平地，西部海岸迤邐曲折，內地以「爛頭」為主峯，餘脈綿亘，環抱東海谷之東南西三方，俯瞰如一馬蹄鐵形，「爛頭」海拔高三千零六十五英尺，為全港之第二高山，(僅次於三壹二四呎之大帽山)，有東涌及馬灣涌兩河，為山洪所滙合入海者，支流密密，故此地最適合墾植，惜尚未開發耳，山中多寺觀廟堂，寶蓮禪院為最大。

□□

香港仔

吾華人所稱之香港仔，即西人所稱之「鴨巴甸」也，地當香港之背，從西區之薄扶林道，繞山可至，有巴士達之，近則跑馬地之山光道已落成，此路斜坡直登，跨山巔，復落山陰即為香港仔，路程較昔，為縮短四分之一，蓋可免繞出西區之一大弧形，人皆便之，香港仔為島南之較大市區，仍不脫鄉村本色，蓋漁民廬聚，為全港最大之漁港，漁民盈萬，祇在附近海面，已可舉網得魚，港中富人，每逢休沐，輒驅車赴食海鮮，其地勢，西北枕加列山，南與鴨脷洲島相望，東有礴瓷紫羅蘭山之聳峙西有博寮洲島之拱立，峯巒重疊，隱出於煙波浩渺間，說者謂風景亦似江南也，至香港與香港仔之關係，不能不伸述之者，蓋香港本以香港仔得名，香港仔南之海面，即今博寮海峽一帶，舊稱香港外洋，百年以前，由印度東來之英船，皆泊於是，香港一名，為英人所沿用至今，竟至喧賓奪主矣。

浮筒

吾人遊於海濱，或乘小輪渡海，則見港九間之維多利亞海中浮筒密佈，尤以在中環西環海面者，數量為最多，浮筒，即俗稱「水泡」，為一直徑三四尺之大鐵桶，漆作紅色，浮於碧波上，桶頂有環，洋船之巨者，寄碇其前，以鐵索繫環，報章嘗有誌及，如稱某某輪，泊於某某號浮標是也，查浮標歸船政署所管理，由干諾道對開，分排列作六行，每行東西排成一直線，相距有一定長度，使兩船同時寄碇，首尾各不相碰觸，蓋每一浮標，僅許一輪佔有也，浮標分有A B兩種，每具編有號數，性質亦有不同，凡船長三百尺以上者，須泊A種，三百尺以下者，得泊B種，均須收費，A種每天十二元，B種每天六元，凡一千噸以上，一萬噸以下之大洋船，本身之船公司，無自置碼頭者，停寄港海時，皆寄於浮標，上落雖感不便然視租用碼頭，為省費得多也，浮標之外形，雖如普通之大鐵桶，然鐵皮甚厚，能耐風浪之衝激，面平而底尖，形式反轉雨帽，所以順水勢，減少波濤磨擦也，有一巨鐵索，以繫之於底，索下有碇，水不能冲之遠去，索頗長，水漲，仍然隨之而浮高，第輪船之泊其前者，仍須自行拋錨，不能單獨委其牽引責於浮標，否則將牽之使斷也，每距若干月，輒有特別設備之小輪，挽起浮標剷去綠苔，塗問紅漆，所以保護其久存，免海水之侵蝕，除外，尚有設於紅磡海面，銅鑼灣海面，及昂船洲前「禁海」者，則各有用途，或為便軍事，或為便檢査(指船言)也。

啓德機場

在九龍城之海隅，有地曰啓德濱，原為海灘，再塡補之，是為今日之啓德機場，東由西貢道牛池灣起，作一斜角形，直達於啓德濱，縱橫約二哩，乃一水陸兩用之機場也，今日之香港，已為遠東之航空樞紐，機場之面積，乃嫌狹促，巨型機升落，多過兩架，即不能同時活動，故近有擬大數倍之進行，調赤柱囚犯，担任此役，費用預算數千萬元，需時五六載，場面縱橫十餘里，將來可容飛機數百架，為遠東最大之飛行場矣，查此場之開闢，祇有十五年歷史，初時未有民用航空，遠東航空學校在焉，故僅為學生練習之用，後以需要，已擴充場面多次矣，最先借用者，為中國及歐亞兩公司，以通滬粵線，繼之，則帝航機，況美機及爲法航機三部，皆以香港爲遠東終點，各線皆用二至四引擎之巨型機佔地機廣，雖其中有爲水機者，然將有一次，四線同時起航，乃不致應用矣，現該塲之設備，已漸完密，港滬航線，用無線電指引法，例如，機由貢嶷起飛，港方機塲之電台，即發出一度無線電波，射向西北方，乘機即踏住此道電波，一路飛來，不虞迷途，倘飛機不依正當航線時，偏左或偏右，則所得之電浪，由强而弱，必俟扳正乃復响亮，川滇一帶，常有濃霧，祇此法免錯走，誠一項偉大建設也，他如夜航燈之設備，猶其次焉者耳。

泳塲

七姊妹又名北角，位於鰂魚涌附近，前十年，設備甚簡陋，泳塲單位，遠不如今日之多，游客亦遠不如今日之衆也．現在單位凡九，計爲南華會，華人會、中華會，銀行公會，政府華員會，中華青年會，永安公司，大新公司，東方會，各泳塲中，屬於三合土建築者，有南華，中華，銀行，東方等，致政府華員會之塲，原亦不弱，建費逹五萬元，然一九三七年之風災，已爲駭浪所捲塌，茲僅架回竹棚，尙未恢復舊觀也，各塲之游客，多屬各該會之會員，以及會員親友，去年參加之人數，共約十萬許，以發出証劵爲標準，較前年爲增，以南華會爲最多，華人，中華，華員，靑年會等，又次之，此乃平民化之泳塲，以其所費尙微，交通利便。

馬房

島上之富貴人家，莫不畜有良駒，於每屆賽馬時，出之參加，盡一跑而冠其儕，則馬主名利雙收，至平日畜馬之費，爲數甚鉅，騎馬主固滿不在乎，在跑馬地後背之山嶺，有一所馬房，規模相當宏大，爲一巨型建築物，澳門賽馬之風，亦不弱于香港，馬房之設備亦佳，近港方又在粉嶺馬塲，添建新型之馬房，其地在當地野塲球對面，面積約四英畝，可建馬廐數座，馬之休養院一所，能同時並蓄馬一二百匹，內部之設備，極科學化，有氣溫調節器，不日落成後，凡需要休息之馬，皆送入休養院，而患足疾者，亦可在此處卸除蹄鐵，以便醫理，此種建設，可稱爲香港賽馬史中最新一頁也。

國家醫院

國家醫院，即瑪腱醫院，在薄扶林道，市區各段，均有國家醫院贈診處，此處有權發出介紹書，介紹病人入院留醫，然贈醫甚認眞，必須其人之症狀，非入院留醫不可者，始允發出介紹書，故實際亦不容易也，其次，凡市民有意外受傷，經警察當局，電召該院救護車，駛至出事地點，載之入院，如傷勢嚴重，得以留醫，且不用私人負担費用，然其手續，必須(一)當地段警，電返警署報告，(二)再由警署電知該院方可，若未經警而自召，收費十元，且先收欵，後開車也，如與治安有關之意外傷案，謀殺自殺誤殺等，則受傷之人，必須指定入國家醫院，傷重者得以留醫，不治而死者剖驗，不能移交別院，以資審愼也，醫藥費亦由警方付交，至於留醫之費用，亦得一述，最高者，爲每天十五元，以次爲八元，三元，五角，(醫藥費在內)三元與五角之房相同，惟三元房之病人，食西餐而已，該院之管理甚嚴，病人皆穿有制服，不能自由出入，即探病亦有限期，爲每逢星期日，二四下午三時至四時，平時不可能也。

文武廟

香港島內各地，咸有文武廟，而荷理活道之一所，尤爲人所稱道，列爲本港名勝之一，文武云者，文神祀文昌，武神祀關公，此非如近代之文武廟，佩祀孔子關岳也，斯廟之歷史，已在一百年外，即在香港歸英之前，早以建立，其後紳耆值理，屢發起募捐，一再修葺，故至今仍能巍峨于太平山腰，坐對維多利亞海，西人自遠方來者，什九蒞止參觀，廟祝向政府開投，價高者得，每年收入百萬，且視天后廟爲多，或謂是廟爲海盜之魁張保仔所建，或謂且遠在張嘯聚之前然其後，全港人口，不過二千，又爲不文之漁樵，則祀天后而已，何能耗萬千之鉅資，以建此大規模之文武廟乎，誠不易解索也，廟之大收入，厥爲「斬鷄頭」愚夫愚婦，倘有是非，曲直未明者，則具三牲往祭，又有一頭雄鷄，各誓神像前，舉，則引刀斷雄頭，號曰，理虧者，有如此鷄，於是遂有殺父之仇，傾家之恨，亦不追究，意曰，彼若發假誓，自有神明殛之，其愚眞不及，至今尚常有此舉者，徒使司祝多得十元收入（規定此數）及獲一斷頭鷄耳，聞每年前往斬鷄頭之人，竟有過百之多云。

錦田

新界沿境，巒峰起伏，祇西部迴圜，約廿平方里許，爲一片平原，即所謂八鄉是也，八鄉爲全港最肥腴之地帶，位於林谷村之西，河流縱橫，天然供灌溉故農產爲至豐收，調劑香港之糧食，至有補助焉，八鄉云者，乃因當地有鄉村凡八，總以八鄉名之，然現因關爲飛機場，所有村莊，蕩夷爲平地，八鄉已不復存，今人人知者，乃爲錦田而已，錦田河源出大帽山，由山之西坡，向西北流注，而入於后海灣，錦田位於八鄉之北，鄉人多鄧姓者，以殷戶著稱，垣墻聳立可想見其富豪之概，尤以鄧氏鐵垣，爲港中名勝之一，全座爲精鐵鏤成，異常雄渾與名貴，製作於明朝，已逾三百年歷史，距於一八九九年，爲某英人取去，運往愛爾蘭，許爲中國之手工製鐵之代表品，曾哄傳一時，至一九二五年，鄧氏子孫，案求香港政府，請交涉回，卒得物歸原主，再裝回原處，相距已二十有六年矣，凡由錦田之客，必以一覽此座鐵垣爲幸也，錦田機場，爲駐港空軍之根據地，方平五六哩，備甚週，今已列爲禁設區，遊客止步矣。

舞塲

香港在十年前，並無跳舞塲之設，爾時祇有跳舞學校之類，以留聲唱片代音，亦非公開性質，參加份子，爲男女學員，復有女教師一種，其性質有如舞女，祇收學費，而不收舞券耳，及至一九三二年許，始有跳舞學院崛興，開設於娛樂樓頂，是院爲眞家大公子，及以鑽石二姑稱者合創，首用音樂隊奏樂，並正式僱舞娘伴舞，而舞塲之形乃粗備，獨名稱未改耳，嗣時厥後，舞塲遂如雨後春筍，若三個五，蝴蝶，大華等，相繼成立，寶瀛尋亦頂手，易名爲賓龍，即今日之國泰也，目前集中於中環一帶者，有大華，中華，國泰，皇宮四間，在石塘咀者，有金陵與廣州，上海爲跳舞發祥地，紅牌舞女至衆，聰明之舞塲司理，咸赴滬選聘，與粵籍舞女分庭抗禮，東區灣仔方面，有夢卿皇后二家，皆專營水兵生意，華人足跡不及者，不論列焉。

大潭水塘

香港在最初時，無自來水設備，祇掘地爲坑，以接儲山澗泉水，然一交冬令，即有乾涸之虞，抑未經消毒與澄清，甚不潔也，於是總督羅便臣，於一八六四年，懸賞千金，有能佈置得宜，繪一水塘圖樣，而經取錄者，得其賞，時有兵家機械工程師勞令士，應徵獲售，而薄扶林水塘，遂於一八六六年，開始建築，越三年而工竣，然規模仍簡也，迨一八七二年，堅尼地拜命督港，此時因蘇彝士運河完成，輪船東來者漸衆，香港商業日盛，人口日增，薄扶林水塘，遂感供水之不敷，堅督，接納衆議，建築大潭篤水塘，並在全港之空曠地，與夫街道山上等，遍植樹木，以調劑水源，此香港樹木所以禁伐之原因也，大潭篤位於港島之南水塘興工於一八八九年，全塘面積約廿九英畝，總滙羣山之流，全塘能容三萬九千萬加倫水，由一條長一英里又四份三之大水管，導入維多利亞城內，每日能供居民二百五十萬加倫食水，一九零三年，再建隔沙水池一座，能多儲水一倍，至是香港之食水問題，全解決於大潭篤水塘矣，每當冬季，塘水低落，吾人倘乘車或步行，過塘之濱者，俯瞰塘底，則竟有兩穴月形墳墓，突出水中，兩墳相距數丈，然甚清楚，民居以習見不怪矣，水塘何以有墳墓在內，則言人人殊，今未得眞解。

長洲

香港之三百餘島嶼中，實以長洲爲最繁榮，爲全港重要漁港之一，漁民之衆，漁船之多，出產之豐，實爲首屈一指，視大澳大埔墟二地尙猶過之，其地在大嶼山之東南隅，在香港島之西而港島相距，爲八英里之遙，有小輪往還甚密，航行兩小時可達，歸油蔴地小輪公司承辦，港方碼頭，在西環海濱，以其交通利便，故頗多居民，尤其是中日戰事發生後，來港難民，多避居於是，樓宇雖簡陋，而租値廉，生活程度低，故頓由五千人口，增至二萬，樓宇亦有求過於供之勢，港中島嶼，以大嶼山與長洲，同爲居民之最多者，然大嶼山交通困難，長洲則工商業興盛，易於容納居民也，長洲之有煙戶，遠在香港歸英之前，其可得而攷者，當有三百年歷史，漁民世代繁殖，生斯食斯，久已視爲世外桃源矣，近年，西人多營別墅於此，初則居者爲傳敎士，山頂有庄墅三四十，然島之東面爲長海灘，適於海浴，故歐西富商，高等華人，闢之作游泳場，每當夏季，篷列於海濱者，不可勝數，彩傘叢茁如菌，景况之盛，不下於靑山，或淺水灣也，島之腰部，細長如蜂，南北兩端較，廣南部且倍寬於北部，西人名之曰啞鈴島，如檢香港地理，稱 Dumb Bell Island 者是也長洲西岸，與大嶼山東岸，遙遙相對，距哩餘，亦爲入口道之一。

海關

在一九零零年以前，港澳兩埠，中國海關，猶未設有分關在也，中國總稅務司赫德(英人)，後乃設拱北關於馬騮洲，以搜緝澳門船貨，而設九龍關於「大鏟」以截緝香港貨船，一九零零年，新界劃定，其範圍，爲九龍山脈以北，深圳河以南，面積七十餘英方里，大鏟爲伶仃洋東岸一小島，在英領港界外，與寶安內陸相對，關卡初設於是，路備武裝，其後，走私者多捨水道，跨九龍山脈而北，取道新界人寶安，大鏟關等於虛設，則又乘新界劃定之際，設於分卡於沙田，蓋以九龍相連，唯獅子山側有路，可以通新界也，此卡設有卅餘年，近始廢止，繼而廣九直通快車既開(往時之省港車，在深圳換車頭，故緝私乃在深圳)，遂巡設九龍關，今已爲主要之海關，大鏟關僅爲負責水道緝私而已，九龍關在尖沙咀，乘快車入粵者，皆在車站搜查，鯊魚涌亦有分卡，辦事處設在舟中，舟船英領海，今且爲通國內之唯一孔道。

香港名醫一覽表

姓名	地址	備考	姓名	地址	備考
余自强	九龍彌敦道四百四十八號三樓	痔瘺專科	廖本良	中環得雲樓二樓電話二三一九二一	內科
任頌勳	香港柯布連道七號二樓	內外全科	范國金	大道中二百八十二號電話二二六八七號	內外全科
關濟民	上海街五零七號二樓太子道四六零號二樓	婦兒科	區偉儒	中環禧利街六號二樓電話二五四一三	內科
黃澄金	深水埔長沙灣道二一叁九號廣長春藥局	咳熱兒科	劉景芳	上海街二百號建安藥行	內外科
何道生	深水埔南昌街三九號正氣藥局	痢症瘧疾	梁百朋	油蔴地上海街二百一十七號二樓	男婦兒科雜病熱症
梁翰芬	油蔴地廟南街六十九號回春閣藥局	專醫遠年氣痛	歐陽百駢	油蔴地上海街二四二號二樓由後巷上樓	內科熱症
譚東生	德付道中一八七號二樓電話二三九一五	瘡科毒症專家	蘇譽良	油蔴地上海街一百六十一號二樓	毒症
甘伊周	康樂道一二八號二樓	兒科	黎健公	灣仔莊士頓道一百八十五號二樓	毒症

百年傳說

香港開埠百年，居民最初智識，未有今日之進步，故是百年來，種種當時無以解釋之離奇事實，甚多仍傳至今日而弗替，本文所摘特爲坊人至今仍聳聽聞者錄之，偶摘之暇，發覺每文或爲古聖人之流，播爲是說，以傳教化，亦非不可解者也，是爲記。

大會堂金馬成精 午夜為祟飲海濱

今日大道中滙豐銀行大廈，未建大廈時，爲大會堂舊址。大會堂建築瑰麗，極莊嚴之能事，蓋爲居民有事時集合之所。

堂頂作宮殿狀，頂中央立一金馬，雕刻迫眞，前足翹起後足竪立，魏魏頂上，栩栩如生，因年荒代久，該馬竟能通靈，出而作祟。

一年附近店戶，每于午夜時聞馬嘶之聲，擾人清夢，殊惹人厭，但頗疑之，以距軍部馬房甚遠，何以有此鳴聲，留心偵之，其時發在大會堂附近，遂以爲非，蓋大會堂非馬廐也。

一夕，有看更人，正守望之間，突見有一龐然巨獸，自大道中奔出海濱，所過之處，如挾風雨，有奔騰不可遏止之勢，乃恐傷途人，急拔槍自後追之以窮究竟，該獸似馬，而較馬爲高，直赴海濱，引頸入水，見差來，即回頭而逸，返至大會堂門前，瞬失所踪，乃拍門入問大會堂之管事人，知無蓄馬，大怪。

次夕，又見該馬奔出，看更人智甚，不再追之，而藏身于大會堂之前，以覘馬歸。無何，馬果飲水還歸，蹄聲得得，不似人之偵踪者，更人因細覘之，馬作金色，鬃毛作光，輝煌奪目，兩眼如巨鑽，光芒射人，旣返大會堂前，竟一跳登屋而沒。看更人睹狀，爲之汗流頰背，翌晨乃以昨夜所見，宣佈于人，坊衆始知夜夜馬嘶之故，乃爲該屋頂金馬成精，恐他日爲人害，遂議決除之。

因請政府毀去金馬不可，及改延巫師作法，以符籙鎭壓，巫師至，以桃劍剮其蹄，以符籙封馬眼，作法喃喃，自後，乃眞不見馬怪復出。

摩星嶺道烈女碑 夫鬼多情誤嬌妻

西環摩星嶺道，山麓之側，一巨石斜攤龐然，如石沙之混結，肖白肖黃，但一片光滑可鑑，四邊野草，沙石則未有纖毛俗生其中。石之中部有長詩一闋，字跡模糊，已不可辨。是即爲烈女石，詩中所記，即烈女之事也。

烈女名賽金英，西區莆鄉人，挈媼同居西區百步級，女年少守寡。媼即爲其姑，在子生時，朝夕所入，皆賴其子五指所出，今子旣喪，入息毫無，以女貌美，不少覬逐，乃頗厭其節守，迫其嫁某港家。女嚴色拒，夜則對亡夫像以痛哭，事聞鄰里，莫不嘉之，而其姑之惡，則日更甚。

一日，女又哭于像前，正瞑瞑間，彷彿乍覩亡夫，從玉照施施然下，與敘久濶之情，女大喜出望，遂相與顛倒，鷄鳴夫鬼始去，自是間日必來，女竟有孕，其姑疑之，指爲有姦，引爲褻門之辱，遂迫女死，女既捨泣于夫靈前，奔于西環海隅，跌綠波而自盡。後屍浮靡星嶺道海峽下，爲漁者覺，乃播于衆，衆皆烈之，其姑同夜，獲子夢中詰責，知媳誤死，大悔不已，乃措貲埋女屍于石下，力爲懺悔，後人知其事，乃泐詩于右，以崇景仰。

筲箕灣妖女迷人 風流舟子活生埋

筲箕灣現已爲東區之大工業區，工廠林立，烟囱如林，而昔日仍爲荒蕪之海濱也，居民不多，俱甚迷信，妖怪事實，時有所聞。

一年，又傳炮台附近，發現迷人女妖，相戒青年男子，不可作夜遊，以訛傳訛，一時頗成恐怖空氣。

該炮台現已拆毀，其址今日改爲電燈公司堅開海面之一小島之上，當時開埠之初，英軍在西環及該地各建炮台一座，以禦海盜，該炮台之責任，乃在瞭望九龍及鯉魚門者，後鯉魚門炮台建成，該炮台遂成陳跡，亦無人居，只留爲蜑人子女，時灣艇在此玩沙嬉水，後又成爲舟人男女調情之地，不少艷侶，月夜歌吟偕樂于此，成爲風流地矣。

一日，有某姓母子兩人，操一艇，由海外來，偶抵至此，遂以爲家，其子以夜中無事，乃上岸逛遊，沿途睹種種男女膩愛之狀，不禁心焉向往。

順步久之，忽在月下，見一妙女，獨自徘徊，竊訝之，以爲候約，詎久仍未見有他人來，而女且忽回首向之而笑，知可與兜搭，乃以游詞戲之，果然入彀，女偕之沿島行，所至之處，景物全新，忽至一處，樓台高聳，有歌聲透出，燈燭輝煌，如貴官私邸，詎女竟引之入。叩門後有僮僕相迎甚恭，舟子受寵若驚，不知所措，女輒一一指示之，再入，女令人導之往浴，更換新衣，再出廳事。

廳中燈光如晝，有美多人，或歌或舞，筵已坐開，美酒佳餚，雜舖陳設，如貴人夜宴，但少見男子，方訝異間廳中美人，已見兩人來，高起歡送，咸笑奔前，賀得佳婿，女俯首微笑，狀甚羞赧，惟殊無忸怩之狀，即挈舟子入席，衆美亦各歸位， 酬交錯，舉杯甚歡，席間，衆美中有穿紅衣者，起立倡議，今夕良晨，不宜虛度，請新人一對，就今夕成婚，衆鼓掌大笑，舉座盡歡。

席散，衆女即擁女及舟子入洞房，房中佈置如仙府，香氣芬郁，舟子坐立，不知所安，衆美復爲笑謔久之，始相去，臨行尤聞，記得「洞房春暖泣羅襦」之歌，蕩蕩魂魄。

女殊溫死，舟子迷惑，歡樂終宵，始懞然睡去，方酣睡中，忽聞人聲嘈雜，如有意外，睜目而視，見其母及鄰多人，環繞其身旁，蓋因其終夕不歸，來此相尋也，時天已發白，舟子忽覺身不能移動，手足如被縛，細視之，不知何時，爲人裸體生埋地下，大小頭石，推圍全身僅餘首部，突出石外，夜來廣廈樓閣，美女佳人，都不知何時失踪，始知遇妖，後爲人救出後，即將事傳于衆，嗣後人遂禁其子女遊此。

宋王台工頭欺人 豆皮光獲八寶匣

九龍城宋皇台，後人紀念宋帝昺流難而建，建築之時，有工人豆皮光，既愚且惰，工頭視之如眼中釘，揮之不去，日爲無發達者，時加橫辱，然豆皮光均一哂置之。

工人工作時間，上午六時返工，下午六時放工，工頭因仇豆皮光，每日非八時以後，不許其休息，以爲虐待。豆皮光忍之，暗以「財來自有方，唔在咁猴忙，一朝如發達，到你咁囂張，」之歌以自慰解，果冥冥中似有鑒者，一日，豆皮光工作至七時許，其他工人均散，正獨自在宋王台下挖掘沙泥，突發現一穴，探手其內，暖可炙手，異之，砍斷石岩，得一箱形之匣，大可手抱，匣雕刻雋緻，古色粲然，四周復嵌以龍紋鳳爪，知甚名貴，乃藏之返家，暗啓視之，竟得八寶。

此八寶，除古匣外，一爲古龍宋瓶，瓶中大小有緻，旁細以墨龍栩栩如生，一爲巫山古塊，類玉質，青綠淸翠，個中露出瑰麗縹渺奇景，一爲沉香佛，刻製奇巧而有異香，一爲長形白色之玉，彩光燦目，冷暖按時。一爲裸體男女春像，作男女二人，互相摟抱，五官齊全，四股畢肖，爲猪肝色，一爲龍印，高約六寸餘，執處爲五爪金龍盤細其巔，龍身爲金色，印色爲褐。印底有宋體文字，信爲宋帝之寶印，一爲五龍環，環之大小恰如匣大，放置匣底，環身五龍仰首，作朝主之狀，龍鱗爪甲，纖毛畢現，擊之金聲鏗鏘，聲長如寺鐘。

豆皮光得之，分售與西人，獲得達百餘萬元，遂一夕而暴富，稍攜金往訪工頭，工頭謝不見面，羞自咎，而豆皮光之倖運，乃爲後人艷羨不置。

大嶼山將軍怪石 具淫根作禍婦人

新界大嶼山麓，有怪石在焉，名爲將軍石，以肖其形也。石果如披胄戴甲，而其石之肚，有局部斜出大山前，野花叢生巔末，又類將軍披盔，滿嘴鬍鬚，肚際復有一凸石，崢出石外，更形成一披盔戴甲之將軍，斜臥大嶼山旁，手按龍泉，雄傲之態，往來大澳船隻皆可見之。

該石甚有靈驗，漁民有事不利者，燃香祭之，多能如願，漁戶遂奉之如神，一生出海覓食，未敢對石妄加非議者也，否則，舟未抵將軍石前，已舟覆人翻，無有可救，基是，漁戶益信，一年三百六十五日皆習以爲常，水上不拜觀音拜將軍，其源實引此，至今成爲慣例。

惟此石亦曾生妖異，蓋當時與大嶼山相對峙之后海赤灣一帶，未爲荒闢之灘島，迨後爲漁戶出海採魚，流落至此，遂漸有居民，演而至今日之繁盛。惟既開島後，漁民之業竟一落千丈，更足異者，女子多不能守節，十五六之少女即艷事重重，即視貞如命之女子，一遷至此，亦莫不改爲浩淫，島人設法挽救無效以爲天數，作不見聞。

會一夜，有黃姓漁人，深夜出海捕魚，方舟行間，突撞一物，舟翻人覆，黃某幸識水性，泅獲生還，心訝海底何物，竟爲患于漁船，乃糾衆前往察視，距海底有一石柱橫臥水中，由該島而直伸至將軍石之臍下，如人之具焉，衆視覺，乃思除之免爲行舟害。

此時，乃突來一叟，推衆而前曰，諸位，貴灣從此興隆矣，婦女亦能歸正道矣，投以某月某日某時，前往催工削石，誤時不可，否則，將軍顯靈，生靈塗炭，言訖，倏忽失其所在，衆以爲神靈顯現，乃如時僱工前往斫石，石粗可數十圍，工作甚難，距開工一夕，突狂風大作，翌晨視之，石已斷去，自後，島上依想之事遂減，漁業亦日振。

兵頭花園鬼夜哭 石獅放石祟行人

中區兵頭花園，門前門後均放有石獅子共四，耳目口鼻，四肢俱全，四獅之口，皆有石珠之放，滾滾轉喉際間，落落有聲，但現已無存矣。

車綫兵頭花園既闢，常有怨夫曠女雙縊其間，或自殺其中，甚是每屆夜深，常聞泣號，鬼火燐燐，不時花間吐射，更有時天陰，且見人影幢幢，坐立石椅之旁，跳躍石池之畔，而絕非人也，都爲鬼魅。

鬼雖風流，常喜弄人，有情侶夜過兵頭花園門首一帶者，常有落落之聲，令人膽跳，更遭石子之飛擲，迎頭打來，情侶多被擊至頭破血流，至石之來源，被擊者皆指爲自石獅中飛出，但無可以証實。

一夜，有某港紳公子，正挾艷人遊于花園之門，亦遭怪石飛擊，且目視一圓珠滾滾而去，上前追之，終不可得，翌日發覺石獅之口已失去一珠，乃疑爲石獅之祟，其後，有一差人，亦遇怪石所擊，且因傷中要害，旋即斃命，衆以石獅果爲害，思有以除去。

據名堪輿家云，「石獅之設于是間，面朝是位，口對龍頭，尺寸之放，樹木之豫正中殺線，附近衝犯其殺線之住戶人家，不聞殺身之禍，亦罹無妄之災。未有衝犯其殺線者，石獅亦可作祟行人，某爲殺生時日，某爲作祟時日，非去石珠之存在，患未可弭，」于是衆明石獅作祟之故，乃暗將其餘三獅之石珠，亦盡除去，至今四獅遂全無喉珠存在，而自後亦無爲患行人矣。

大道東榕樹成精 颶風起巨雷收怪

大道東，背枕妙鏡台，前臨莊士敦道，軒鯉詩道相對，道中昔有一老榕樹生然，高可參天，緣港地乃爲一崎形島嶼，大道東均有麓嶺沙地，前後房宇，多爲舊式之杉木建築，茅椽草舍，更多其中，老榕樹一片青蔭，樹陰蓋頭，晚風送來，更巨石散沙之放擲，是供來往之泚步，附近居民每日工餘，成羣來此嬉戲也。

但榕樹日久成精，竟能祟人。一日，有婦人攜子，在樹下飯餐，缺鍋爲丙吳，爛葉枯枝，或泥沙，立于樹下之小販麵檔，亦遭戲弄，賣粉麵者，湯水全變污物，碗碟被攝去一空，賣餅食者，所賣糕餅，能自起焚燒。況且，行人亦不能安，有穿華衣路過樹下者，即遭臭物匝而襲擊，物色朱紅，如猶提子，有水質，其形雖少，其臭非常。

街坊苦之，乃思禳解，首由某藥店老板馮某倡議，醵資延法師作法，開壇鎮妖，詎法師正念顧之際，突受人擊，或如拳打或如腳踢，而四顧則無人擬之。祭壇法寶，亦自起火而焚，臭物如雨，向觀作法之坊衆大肆襲擊，禳妖卒無效果。而馮氏之藥店更因此而被妖祟。房內關鎖，每每失物，廚內之物，每每自熟，店中人終年常，距衆遇擊，常爲有之，馮妻之便溺馬桶，竟常有腳自行。百柄藥櫃內，藥物時被倒亂，因而誤執藥方，累出人命者數見，馮店因此，卒而閉歇。

自是以後，坊衆計窮，乃以木欄圍繞榕樹，樹下懸牌，漆以行人勿近四字，以戒行人，一日，有大道中某金鋪店東林姓，行過此間，見此奇事，目爲怪誕，拔刀刺榕樹身，流血如丹，連刺多刀，均無見妖孽之事，大笑而去，不料歸後，是夜覺暴病卒，死時如被刀刺，自是榕樹之異更爲人怖。官紳爲安撫神妖起見，乃欲建廟祀奉，以求相安，不爲當局所許議遂寢，當局并遣差前往禁居民向樹膜拜。

時適爲香港第二次患大風災，大雨傾盆，海濤捲上海傍附近一帶住戶，該老榕樹亦爲風所除去，當時有見風雨劇烈中，老榕樹噴出濃霧，保衛其身，忽霹靂一聲，巨雷自天起，榕樹立成火樹，樹中一巨大黑色怪物，突然跌出，再爲一雷擊中，倒于地上，化黑烟而沒。次日風止，樹已成炭，在樹下拾獲一巨大皮肉之色黑而生鳥毛，一邊露出糢糊血肉，肉色青白，厚硬嶙峋，又不類動物之肌肉，腥臭難聞。樹遇雷擊後其怪乃絕。

太平山下石龜靈，爬上山巔大陸沉

本港太平山，每年重九，即爲人士登高最好所在，山在島之中央，立于山巔，即全島在望，恍忽立在海水之中，而附近各島皆向己環抱。考地理者，謂港與各島皆相連接而成一脈，與對海九龍亦相連屬，香港亦龍脈之一點，意爲龍首。

龍身時隱時現，現時龍現身，故有香港及各島，再過若干年，屆于龍隱身時期，則此龍即深潛水，伏不出，于是香港及其附近各島，皆盡陸沉，深埋水底，此時即香港之末也。

一年，有人在山巔，見一怪道人，仙風道骨，當衆大談龍經，即指地而言，香港之龍已有甦動之態，香港末日當在不遠矣。山上本有怪石嶙峋，數若星羅棋布，道人指之曰，此爲龍鱗，試推其一，如批鱗狀，詎一推之間，突發生地震，立者皆僕，乃信道人之言，群問以香港陸沉時，趨避之法，道人曰，吾當本抱救生之旨，爲各人點視，隨以手一指山腰曰，此爲一靈龜之龜，將來陸沉之後，僅許此物獨留世上，此龜蠕蠕自山下登山，每年行一米位之距離，當已登達山巔之時，即爲陸沉之日，各好自爲計也。言畢，忽不見踪，衆人急照所指望去，果見一巨龜，蠕蠕半山中，奔下視之，乃一巨石耳。

石甚像龜形，重不可移，其狀似登山，然其是否能日移動，殊難斷語，其果能登于山巔乎，已登遂時即香港陸沉乎，事屬怪誕，惟古人至今仍如是云，每年重九登高，多順道往視此龜已行至何處，至今人仍如是也。蓋人皆不願此龜，有達至山巔之日，蓋爲道士所警也。

編後話

本社成立未幾，即遇重大慶典，不揣棉力，出版本書，得社會各界名流贊助，如港紳及防空局華人代表謝家寶，賜書封面題字，各大文豪，踴躍撰述，考古歷史家，借出古物珍藏考據，及古跡圖片撰版，各藝術家設計藝術及繪畫，暨各大商號惠賜廣告等等，皆使本社同人不勝感謝。

夫出版界之責任，宣傳文化爲其本分，而尤須以社會所需而供給于社會，不濫不缺，本書之出版，乃純本此旨，故在印刷時期，即得各方之愛護與信仰，今後更望各方繼此以去，使本社再得盡力以爲社會服務。

謹對愛護本刊各方，熱誠致謝。

更正

第四十九頁　一八九零年發行之二仙印花暫作郵票一種實爲一九三八年曾用十一天之五分印花暫作郵票一種之誤，又一九三七年發行之喬治六世像郵票十三種實爲一八九零年發行之二仙印花暫作郵票一種之誤，又一九三八年曾用十一天之五分印花暫作郵票一種實爲一九三七年發行之喬治六世像郵票十三種之誤，以上合更正。

香港百年

公曆一九四一年一月一日
中華民國三十年一月一日
初版

定價港幣六角

出版者　友聯出版社
督印人　任鍾秀
總編輯　劉國英
編排　余冠天　黃磊夫
校訂人　凌雲
總代理處　人人書局　香港九龍彌敦道五百九十四號
代理處　各大書局
承印者　美倫印務書局　香港利東街廿五號　電話：二四五二一

書名：香港百年（一八四一——一九四一）
系列：心一堂　香港・澳門雙城成長系列
原著：劉國英　編著
主編・責任編輯：陳劍聰

出版：心一堂有限公司
通訊地址：香港九龍旺角彌敦道六一〇號荷李活商業中心十八樓〇五一〇六室
深港讀者服務中心：中國深圳市羅湖區立新路六號羅湖商業大厦負一層〇〇八室
電話號碼：(852) 67150840
網址：publish.sunyata.cc
淘宝店地址：https://shop210782774.taobao.com
微店地址：　https://weidian.com/s/1212826297
臉書：　　　https://www.facebook.com/sunyatabook
讀者論壇：　http://bbs.sunyata.cc

香港發行：香港聯合書刊物流有限公司
地址：香港新界大埔汀麗路36號中華商務印刷大廈3樓
電話號碼：(852) 2150-2100
傳真號碼：(852) 2407-3062
電郵：info@suplogistics.com.hk

台灣發行：秀威資訊科技股份有限公司
地址：台灣台北市內湖區瑞光路七十六巷六十五號一樓
電話號碼：+886-2-2796-3638
傳真號碼：+886-2-2796-1377
網絡書店：www.bodbooks.com.tw
心一堂台灣國家書店讀者服務中心：
地址：台灣台北市中山區松江路二〇九號1樓
電話號碼：+886-2-2518-0207
傳真號碼：+886-2-2518-0778
網址：http://www.govbooks.com.tw

中國大陸發行　零售：深圳心一堂文化傳播有限公司
深圳地址：深圳市羅湖區立新路六號羅湖商業大厦負一層008室
電話號碼：(86)0755-82224934

版次：二零一九年一月初版，平裝

定價：港幣　八十八元正
　　　新台幣　三百九十八元正

國際書號 ISBN 978-988-8582-19-8